AF216786

KERSTIN CHAVENT

DAS LICHT FLIESST DAHIN, WO ES DUNKEL IST

ZUVERSICHT FÜR EINE NEUE ZEIT

EUROPAVERLAG

Wichtiger Hinweis

Die Informationen und Ratschläge in diesem Buch wurden mit größter Sorgfalt von Autor und Verlag erarbeitet und geprüft. Sie bieten jedoch keinen Ersatz für kompetenten medizinischen Rat. Alle Leserinnen und Leser sind daher aufgefordert, selbst zu entscheiden, ob und inwieweit sie die Anregungen in diesem Buch umsetzen wollen. Eine Haftung des Autors und des Verlags für Personen-, Sach- oder Vermögensschäden ist ausgeschlossen.

© 2017 Europa Verlag GmbH & Co. KG,
Berlin · München · Zürich · Wien
Umschlaggestaltung: Hauptmann & Kompanie, Werbeagentur, Zürich
Layout & Satz: BuchHaus Robert Gigler, München
Druck und Bindung: Pustet, Regensburg
ISBN 978-3-95890-101-8
Alle Rechte vorbehalten.

www.europa-verlag.com

*Im Licht des Bewusstseins
verwandeln sich die Dinge von allein.*

INHALT

WELT IM WANDEL

Wir alle begegnen in unserem Leben immer wieder Situationen, die wir so nicht haben wollen. Wir werden krank, verlieren Menschen, die uns nahestehen, unsere Jobs, unser Geld, unseren Besitz. Wir alle sind unvorhersehbaren und drastischen Veränderungen ausgesetzt.

Die Welt um uns herum ist ins Wanken geraten. Einmal mehr setzen sich ganze Völker in Bewegung, auf der Suche nach Boden unter den Füßen und einem Leben in Sicherheit. Klimakatastrophen, Kriege, Attentate, Epidemien, Krankheiten, Finanzcrashs bedrohen uns alle.

Ist uns die Welt entglitten? Hatten wir sie denn jemals im Griff? Orientierungslos, ratlos und oft auch hoffnungslos blicken wir um uns. Wie können wir mit dieser gigantischen Herausforderung leben, vor die uns unsere Epoche stellt? Welche Möglichkeiten haben wir als Individuen? Können wir in einer Zeit, in der ganze Systeme zusammenbrechen und in der niemand wirklich weiß, wie die Lösungen aussehen, überhaupt noch zur Ruhe kommen und so etwas wie Gelassenheit, Unbeschwertheit, Glück empfinden? Wie können wir mitwirken daran, dass auch die Generationen nach uns unseren Planeten noch bewohnen können?

Das Licht fließt dahin, wo es dunkel ist ist keine Suche nach Ablenkung, kein Ausflug zu Rückzugsorten, an denen die Welt noch in Ordnung scheint, und auch keine Rezeptsammlung. Es führt mitten hinein ins Chaos. Denn es geht darum, die Welt so zu nehmen, wie sie heute ist, und daraus die Bedingungen für ein besseres Leben zu schaffen.

Befindet sich der Ausgang aus Dantes Hölle nicht in ihrem Zentrum? Treten wir die Reise an und machen wir uns auf in dieses *Innen*. Es befindet sich genau hier, wo wir jetzt, in diesem Moment sind. Denn es ist in uns. Sind nicht wir das Zentrum der Welt, die wir um uns herum wahrnehmen? Ist also das, was wir um uns herum beobachten, nicht im Grunde genommen der Widerschein dessen, was in uns geschieht? Wie können wir Frieden im Außen finden, wenn wir ihn im Innen nicht empfinden? Wie können wir anderen die Hand reichen, wenn wir uns selbst nicht Freund sind? Wie können wir eine gerechtere Welt schaffen, wenn in uns Härte und Gleichgültigkeit herrschen? Wie können wir in der Außenwelt Einheit finden, wenn wir uns innerlich zerrissen fühlen?

Die Lösungen, die wir im Außen vergeblich suchen, finden wir in uns, in unserem *inneren Universum*, im Erkennen und Annehmen unserer selbst. Denn die Welt, die wir um uns herum wahrnehmen, ist nichts weiter als eine Spiegelung unserer inneren Welt und des Verhältnisses, das wir zu uns selbst haben. Nur wenn wir es wagen, uns auf den Weg in diese Innenwelt zu machen und Frieden mit uns selbst zu schließen, kann sich auch in der äußeren Welt etwas verändern.

Machen wir uns auf den Weg. Die Fragen, die bei der Reise in dieses *innere* Universum aufgeworfen werden, sind so alt wie die Menschheit: Wer bin ich? Was mache ich hier? Gibt es eine höhere Macht? Gibt es einen Sinn?

Das Besondere ist hierbei die Art der Betrachtung. Sie hat sich aus meiner Erfahrung mit einer der großen Krankheiten unserer Zeit entwickelt: 2012 erkrankte ich an Brustkrebs und erfuhr darüber die Wichtigkeit von Akzeptanz, Verantwortung und Bewusstseinsentwicklung für meine Heilung.

Sind die Vorgänge, die Harmonie und Gesundheit in einem Körper fördern, nicht ähnlich denen, die Frieden und Harmonie in der Welt ermöglichen? Damit sich die Dinge ändern können, müssen wir sie zunächst so annehmen, wie sie sind. Wenn wir sie von uns stoßen, werden sie sich so lange manifestieren, bis wir uns ihnen endlich zuwenden und die Verantwortung für das, was uns geschieht, in die Hand nehmen. Alles Lebendige strebt danach, wahrgenommen zu werden, bevor es sich verändern kann. So begreifen wir, dass die Lösungen für unsere Probleme, welcher Art auch immer sie sind, nicht von außen kommen, sondern aus uns heraus.

Es ist nicht immer bequem, diesen Weg zu gehen, denn es gibt viele Widerstände zu überwinden. Es kann Angst machen, sich selbst zu durchleuchten. Doch haben wir eine andere Wahl, wenn wir in dieser Welt nicht nur überleben wollen, sondern leben, als begrenzte Wesen mit immensen Fähigkeiten?

Gehen wir auf das authentische Wesen in unserem Inneren zu. Heben wir die Schichten, die wir im Laufe unseres Lebens um uns herum aufgebaut haben und erforschen wir das Wesen, das sich hinter den Masken und Schutzschilden verbirgt. Denn nur hier bei ihm werden wir das finden, was wir im Außen vergeblich suchen. Hier verbirgt sich die Weisheit, die uns zur Gelassenheit führt und die es uns ermöglicht, unserem Leben eine neue Richtung zu geben und wirklich in ihm Platz zu nehmen.

Ich schreibe über die Dinge, wie ich sie in mir erlebe und spüre. Sie sind meine Wahrheiten. Ich möchte andere dazu ermutigen, eigene Erfahrungen zu machen und ihre eigene Wahrheit zu finden. Zwar benutze ich häufig die allgemeine Form »wir« – jedoch nicht, um zu verallgemeinern und zu behaupten, dass wir alle gleich sind und gleich handeln, sondern um die Tendenzen aufzuzeigen, die ich um mich herum beobachte. Ich möchte damit auch die Frage stellen: Ist es wirklich so? Dieses *wir* schließt mich mit ein auf meinem Weg des Hinterfragens – nicht des Wissens. Wissen kann uns auch einschließen und lähmen und schließlich daran hindern, eigene Erfahrungen zu machen. Das Wissen hat immer nur so lange Gültigkeit, bis etwas Neues entdeckt wird, das das Alte unter Umständen aushebelt. Einige der großen Gesetzmäßigkeiten, auf die unsere Gesellschaft aufbaut, sind heute überholt, wie zum Beispiel die Annahme Louis Pasteurs, die Mikroben seien unsere Feinde und müssten bekämpft werden. Heute weiß man, dass wir ohne sie gar nicht überleben könnten. Auch mit logisch-mathematischen Denkansätzen allein, die lange Zeit unsere Herangehensweise an die Dinge prägten, können wir uns unsere Welt heute nicht mehr erklären, und auch Darwins Annahme, das Leben habe sich aus der Konkurrenz heraus entwickelt, und das daraus abgeleitete Recht des Stärkeren, das bis in die Gegenwart unsere Gesellschaften dezimiert, können heute so nicht stehen bleiben. Leben ist aus Verbindung und Kooperation heraus entstanden.

Hieraus ergibt sich mein Ansatz. Als Trägerin eines lebendigen europäischen Gedankens versuche ich seit jeher, Brücken zwischen den Kulturen zu bauen, zunächst als Sprach- und Kommunikationslehrerin und seit meiner Begegnung mit der Krankheit auch als Autorin. Zwischen Mittelmeer und Baltikum, zwischen Languedoc und Norddeutschland, meiner Wahlheimat und meinem Herkunftsland, webe ich an einem Netz, das Menschen und Gedanken miteinander in Verbindung bringt und den Austausch fördert.

Das Licht fließt dahin, wo es dunkel ist ist nun nach *Krankheit heilt* und *Traverser le miroir (Den Spiegel durchqueren)* ein weiterer Versuch, Lösungen dort aufzuzeigen, wo wir sie nicht erwarten.

Montpellier im Juni 2016

ZERFALL

Wir stehen heute vor immensen Umwälzungen, die das Leben jedes Einzelnen von uns betreffen. Viele bekommen sie bereits zu spüren: Krankheit, Verlust, Trennung, Desorientierung, Zerstörung. Vergeblich suchen wir die Lösungen für unsere Probleme im Außen. Es wird nun an uns sein, an jedem von uns, seinen Teil der Verantwortung zu begreifen.

Unsere Welt, so wie wir sie heute kennen, wird es nicht mehr lange geben. Ein gigantisches wirtschaftliches und soziales Ungleichgewicht verändert unseren Lebensraum und unsere Lebensbedingungen. Die Natur ist zu einem großen Teil zerstört. Unzählige Arten sind bereits vernichtet, Kulturen ausgerottet, Boden, Luft und Wasser verseucht und unsere Nahrungskette unterbrochen.

Wer trägt die Verantwortung für diese Zerstörung? Die Politiker? Die Bosse? Die Ausländer? Unserer Meinung nach sind es die anderen. Sie sind unfähig, respektlos und treffen die falschen Entscheidungen. *Die anderen, das bin nicht ich. Ich mache schließlich schon genug – sollen die anderen sich doch auch anstrengen.*

Dasselbe erwarten die anderen von uns. Frustriert und desillusioniert ziehen wir uns mehr oder weniger alle hinter unsere Bildschirme zurück oder gehen einkaufen: industrielle Fertignahrung und schädliche Produkte aller Art für unseren Körper, unser Zuhause und unsere Kinder. Trotz eines gigantischen Verwaltungsapparates, Heerscharen von Beamten und unzähligen Normen und Regeln wird ein Skandal nach dem anderen offenkundig. Immer wieder erfahren wir, dass wir systematisch vergiftet werden. Wir bezahlen eine Menge Geld dafür und bereichern damit eben jene, die uns und den Planeten hemmungslos ausbeuten und zerstören. Meistens ist es uns gar nicht bewusst, denn es wird alles getan, damit wir möglichst nichts Unappetitliches zu sehen, zu riechen oder zu hören bekommen.

Wer würde schon Milch trinken, wenn er sehen würde, wie viel Blut und Eiter bis zum letzten Tropfen ausgesaugter Kühe darin schwimmen, oder Fleisch von Tieren essen, deren Lebens- und Tötungsbedingungen er genau vor Augen hätte? Wer würde Abgepacktes essen, wenn er riechen könnte, was wirklich drin ist? Wer würde Kleidung kaufen, von der er genau wüsste, dass Menschen dafür sterben, damit wir alle paar Wochen etwas Neues am Körper tragen können? Wer würde in den Städten noch frei Luft holen können, wenn er die Partikel sehen würde, die er einatmet?

Wir kaufen nicht mit böser Absicht ein – doch wir haben alle gemeinsam dafür gesorgt, dass ein Viertel der Menschheit heute an den Folgen der Umweltverschmutzung stirbt[1] und dass ein Pro-

---

1 Laut WHO starben im Jahr 2012 12,6 Millionen Menschen an ungesunden Lebensbedingungen. 23 Prozent der Todesfälle gehen demnach auf eine verschmutzte Umwelt zurück, darunter vor allem Herzprobleme, Unfälle, Krebs, Erkrankungen der Atemwege und Verdauungskrankheiten. Anfang 2016 zeigte eine Studie der University of British Columbia auf, dass jährlich 5,5 Millionen Menschen allein an Luftverschmutzung sterben. Tendenz stark steigend.

zent aller Menschen fast den gesamten Planeten besitzt, während sich der Rest ein paar Krümel teilt.[2]

Um uns ruhigzustellen, bekommen wir Bildschirme, elektronisches Spielzeug und Medikamente. Zumindest die Menschen in den reichen Ländern sollen so lange wie möglich am Leben bleiben, denn wenn wir erst tot sind, kann niemand mehr an uns verdienen.

Unsere Lebensaufgabe ist es vor allem, gute Kunden zu sein. Wir leben in einer von wirtschaftlichen Interessen gesteuerten Gesellschaft, die sich hauptsächlich dem Wachstum und dem Konsum verschrieben hat. Der Kapitalismus schafft sich die Subjekte, derer er bedarf. Wir beugen uns dieser Funktion und freuen uns über jedes Schnäppchen. Je billiger, desto besser – egal, ob dafür anderswo Menschen, Tiere oder die Natur leiden.

Bereitwillig opfern wir unsere Freiheit einer trügerischen Sicherheit und lassen uns, ohne groß zu murren, bis ins Kleinste überwachen, manipulieren und betäuben. Dieses System, das auf der einen Seite unermessliche Reichtümer schafft und einige wenige begünstigt, stürzt den Rest der Welt zunehmend ins Elend: Krankheit, Klimakatastrophen, reduzierte Artenvielfalt, eine zerstörte Umwelt, Armut, Hunger, Kriege, Terror und Verluste jeder Art sind die Kehrseite einer ungleichen Verteilung der Güter aller. Die gewagtesten Zukunftsprognosen des letzten Jahrhunderts sind längst zu unserer alltäglichen Wirklichkeit geworden, ohne dass wir es so recht gemerkt haben.

Wir haben zugelassen, dass ein System geschaffen wird, das es mächtigen globalen Unternehmen erlaubt, unsere Welt nach ihren Vorstellungen zu formen. Niemand hat uns dazu gezwungen, die-

---

2   Nach der Hilfsorganisation Oxfam besitzen 85 Reiche so viel wie die Ärmsten der Welt. Das reichste Prozent hält damit mehr als die Hälfte des weltweiten Vermögens.

ses System ins Leben zu rufen und zu fördern. Es war unsere freie Wahl – so wie wir auch heute noch frei entscheiden können, ob und wo wir etwas kaufen, auch wenn immer mehr multinationale Unternehmen fusionieren und es immer mehr versteckte Monopole gibt, denen wir kaum noch ausweichen können.

Doch könnten wir damit etwas ausrichten? Ist es nicht im Grunde schon zu spät, sich aus dieser gigantischen zerstörerischen Maschinerie zu befreien? Wie sollte eine bessere Welt denn überhaupt aussehen? Enden nicht unsere Visionen mit eben jenem Hedonismus, der die Menschheit an den Rand des Abgrunds getrieben hat, an dem wir jetzt alle stehen: unerschöpfliche Ressourcen, grenzenloses Wachstum, hemmungsloser Konsum, zügelloses Sich-Amüsieren? Die Natur ein Schlaraffenland, das Leben ein immerwährender Jahrmarkt: Was soll danach noch kommen?

Die Natur zeigt uns ihre Grenzen, während wir versuchen, uns an die letzten Grashalme unseres Planeten zu klammern oder an die Idee, zur rechten Zeit auf andere Planeten ausweichen zu können. Und wir, die wir so stolz sind auf unseren Fortschritt, unsere Technik, unseren Verstand, unsere Intelligenz, die wir geglaubt haben, es könne immer so weitergehen, fühlen uns wie unartige Kinder zu Unrecht zurückgepfiffen. Aber man hatte es uns doch versprochen! Sollten wir uns denn nicht an allem bedienen und uns die Welt untertan machen? Haben wir denn etwas falsch gemacht? Wachstum, Komfort, moderne Ernährung und medizinische Versorgung für alle – was ist daran verkehrt? Immer höher schwingen wir uns hinauf, immer mehr, immer größer, immer schneller soll es sein – es ist doch das Leben selbst, das diese Bewegung vorgibt! Wo sind wir zu weit gegangen?

Wir spüren, dass etwas nicht stimmt. Wir spüren es in unseren Körpern, in unseren Beziehungen, in unserer Umwelt. Es geht uns nicht gut, individuell nicht und kollektiv auch nicht. Wir leiden an dieser Welt, die wir gemeinsam geschaffen haben. Wir fühlen uns ohnmächtig und orientierungslos in ihr, wenn wir nicht schon so abgestumpft sind, dass wir überhaupt nichts mehr fühlen.

Sind wir zu schnell vorangaloppiert im Rhythmus unserer fantastischen Entdeckungen und Erfindungen? Technisch gesehen haben wir das Leben bis ins Kleinste analysiert und auseinandergenommen – doch was wissen wir schon von seinen Geheimnissen? Was wissen wir über uns selbst und darüber, was uns Leben gibt? Über die Zusammenhänge? Wir sind vielleicht gut informiert, denn unsere Kommunikationsgesellschaft erlaubt uns den Zugriff zu allen möglichen Informationen – doch was ist uns wirklich bewusst? Die Karte ist schließlich nicht das Territorium. Doch führt uns unser Weg heute nicht geradewegs in dieses große Unbekannte hinein, das wir selbst sind, in ein Territorium, das wir noch nicht erforscht haben: das Universum in uns? Liegt in dieser Herausforderung nicht auch unsere größte Chance? Könnte so die Krise, die wir heute erleben, zu einer Gelegenheit werden, die Dinge neu zu entscheiden? Denn genau das bedeutet ja das ursprünglich griechische Wort *Krise*: Entscheidung.

Ist es Zufall, dass Griechenland uns heute so deutlich die Grenzen unseres Systems zeigt? Hier begann das Kartenhaus Europa in sich zusammenzufallen. Schauen wir genau hin. Es ist unser aller Problem. Wir befreien uns nicht davon, indem wir es ausschließen oder fliehen oder so tun, als beträfe es uns nicht. Das, was wir versuchen zu vermeiden, kettet sich an uns. Nur das, was wir ansehen und was wir als wahr (an)nehmen, wird sich verändern können.

Es braucht Mut, sich die Dinge anzusehen, die uns unbequem sind und die uns Angst machen, ebenso viel Mut, wie es braucht, sich einzugestehen: *Ich bin dafür auch verantwortlich*. Wir haben alle auf direkte oder indirekte Weise dazu beigetragen, dass die

Welt heute so ist, wie sie ist. Wir alle haben die Konsequenzen, die wir jetzt zu spüren bekommen, mit herbeigeführt: mit unserem Konsumverhalten, dem Ignorieren oder Abschieben der Probleme und unserer Weigerung, das Ausmaß der Zerstörung wirklich *wahrzunehmen*. Doch nur dann, wenn wir uns unserer individuellen Verantwortung stellen, wird sich auch etwas ändern können – schließlich kann man nichts ändern, dessen man sich nicht bewusst ist.

Wagen wir es. Stellen wir uns selbst infrage, rütteln wir an unseren Festungen und Überzeugungen und machen wir uns auf den Weg in dieses Universum in uns, zu diesem Wesen, das wir in unserem Inneren sind und von dem wir vielleicht nicht viel mehr wissen als von der Milchstraße.

Sind die Probleme, an denen unsere Welt heute zu zerbrechen droht, nicht im Grunde der Widerschein unserer inneren Unordnung? Sind die Menschen, die wir anderswo und bis vor unserer Haustür sterben lassen, nicht auch die Spiegelung des Mangels an Liebe uns selbst gegenüber? Wenn wir uns selbst lieben würden, könnten wir dann noch unsere Schwestern und Brüder in ihrem Leid ignorieren? Wir können den anderen ja nichts geben, was wir selbst nicht haben.

Um die Welt um uns herum neu zu beleben, müssen wir uns also auf den Weg durch unsere inneren Wüsten machen und die Unwetter in uns durchqueren. In dem Maße, wie wir unsere inneren Landschaften bewässern und pflegen, werden auch außerhalb von uns neue, fruchtbare Landschaften entstehen können. Der Weg zur Lösung unserer äußeren Probleme führt über unsere Fähigkeit, uns dem zuzuwenden, was wir in uns noch nicht gelöst haben. Weisen wir also die Dinge nicht von uns, wie bedrohlich sie uns auch zunächst erscheinen mögen, und integrieren wir sie in unser

Leben. *Integrare* – das heißt nicht, sich überrollen lassen oder seinen Platz an andere abtreten, sondern *erneuern, ergänzen, geistig auffrischen*. Die Integration dessen, was ist, ist notwendig für unsere Weiterentwicklung. Ohne sie blieben wir auf der Stelle stehen und würden uns so in uns zusammenziehen, dass wir schließlich verkümmern.

Schauen wir uns also um und nehmen das, was um uns herum geschieht, in unser Leben auf. Lassen wir die Dinge nicht wieder draußen vor der Tür, denn wenn wir versuchen, die existierenden Probleme auszuschließen, fügen wir damit nicht nur den Ausgeschlossenen, sondern auch uns selbst großen Schaden zu.

Wir befinden uns heute an einem Scheideweg: Machen wir so weiter wie bisher und riskieren damit das Ende unserer Welt, oder richten wir uns auf und machen uns unsere Rolle in diesem Zerstörungsprozess bewusst? Nur aus der Übernahme der Verantwortung für das Geschaffene ergeben sich Möglichkeiten einer neuen Gestaltung. Es ist an jedem von uns, sich auf den Weg zu machen und sich selbst auf der Suche nach Lösungen zu erforschen.

JENSEITS
DES DUALISMUS

Wir leben in einer Welt der Gegensätze: die anderen und wir, innen und außen, nah und fern ... Doch das, was sich auf den ersten Blick auszuschließen scheint, gehört untrennbar zusammen und ergänzt sich gegenseitig. Wir werden unsere Probleme nur lösen können, wenn wir die Dinge im Ganzen betrachten.

Unser rationalistisches Weltbild hat die Welt fragmentiert und in ihre Einzelteile zerlegt, ohne Bezug zum Ganzen zu nehmen. Es fällt uns daher nicht leicht, Zusammenhänge zu erkennen, denn wir haben gelernt, die Dinge gemäß eines dualistischen Wertesystems voneinander zu trennen und einander gegenüberzustellen. Unsere Wahrnehmung gliedert die Welt in Gegensätze, die sich auszuschließen scheinen: gut – schlecht, arm – reich, schwarz – weiß.

Einerseits brauchen wir diese Gegensätzlichkeit, um uns zu orientieren, denn ohne die Erfahrung von oben und unten, heiß und kalt, weich und hart würden wir überall anstoßen oder herunterfallen. Wir könnten gar nicht überleben, wenn wir nicht wüssten, was essbar oder giftig ist, was gut für uns ist und was nicht. Andererseits hat uns unser dualistisches Denksystem jedoch die Ganzheitlichkeit der Dinge vergessen lassen.

In einer auf Gegensätzlichkeit aufgebauten Welt führt zwangsläufig das, was auf der einen Seite Gewinn bringt, auf der anderen zu Verlust. Es gibt das eine nicht ohne das andere. Solange wir den Zusammenhang nicht begreifen und dem einen hinterherlaufen und das andere von uns stoßen, werden uns die Dinge daran erinnern, dass sie zusammengehören: Wir erreichen genau das Gegenteil dessen, was wir eigentlich verfolgen. Nur wenn wir auch das annehmen, was wir nicht möchten, bekommen wir schließlich das, was wir wollen.

Was sich in scheinbarer Unvereinbarkeit auszuschließen scheint, ist Teil eines immensen Ganzen und gehört untrennbar zusammen: Ohne das Oben könnten wir das Unten nicht erfahren, ohne die Dunkelheit nicht das Licht und ohne das Ende nicht den Anfang. Eines macht das andere als Erfahrung erst möglich.

Verschiedene Faktoren beeinflussen, wie wir etwas wahrnehmen: unsere Erziehung, unsere Umwelt, unsere persönlichen Erfahrungen. Unsere Wahrnehmung der Welt und unser Einordnungssystem sind weder objektiv noch allgemeingültig. Probleme und Konflikte entstehen dann, wenn wir unser subjektives Erfahren auf andere anwenden. Was einer schön findet, findet ein anderer grauenhaft, und was für den einen fantastisch ist, kann für den anderen eine Katastrophe sein. Wir empfinden das, was auf unsere Sinne wirkt – Bilder, Töne, Temperaturen, Farben, Druck, Distanzen, Zeitsequenzen, Geschwindigkeiten etc. – auf individuelle Weise.[3]

---

3 Der im April 2016 auf ARTE ausgestrahlte Film von Cécile Denjean, »Das Rätsel unseres Bewusstseins«, zeigt, dass das, was wir sehen, eine ständige Rekonstruktion der äußeren Realität ist – und nicht die Realität.

Unser Gehirn ordnet die Informationen, die es bekommt, entsprechend der bisher gelebten Erfahrungswerte und Konventionen in eine Art Schubladensystem ein. Wenn wir einmal etwas als interessant oder langweilig, richtig oder falsch, vertraut oder fremd abgespeichert und verstaut haben, bleibt die Information so lange in der entsprechenden Schublade, bis wir sie wieder herausholen und eventuell woanders einsortieren.

Dieses Neusortieren kann einige Anstrengung erfordern. Man muss sich Gedanken machen: Gehört das wirklich hierhin? Es ist natürlich viel einfacher, eine neu ankommende Information sofort in die Schubladen zu stecken, die wir bisher dafür vorgesehen haben, als eventuell neue Schubladen einzurichten. Auf einer Autobahn fährt es sich schließlich bequemer als auf unerschlossenem Territorium. Es vermittelt uns ein Gefühl von Sicherheit, die Wege einzuschlagen, auf denen schon möglichst viele andere gefahren sind. *Wir sind hier so. Das macht man bei uns so. Das war hier schon immer so.* Herkömmliches gibt Sicherheit. Hier kennen wir uns aus. Neues verunsichert. Also lassen wir beim Erforschen neuer Wege gerne anderen den Vortritt und setzen uns erst dann in Bewegung, wenn die Route schon einigermaßen ausgebaut ist und man sie nicht mehr mit dem Buschmesser freischlagen muss. Bis es so weit ist und aus der Buschpiste eine bequeme Schnellstraße geworden ist, tun wir gerne so, als sei unsere Einschätzung der Dinge die einzig richtige.

Ob wir etwas als positiv oder negativ einordnen, hängt also nicht nur von unseren Sinnen und der Umsetzung der Informationen in unserem Gehirn ab, sondern auch von unserer Umgebung. Auch wenn wir etwas eigentlich gar nicht mögen, können wir uns dahingehend beeinflussen lassen, in diesem Jahr Curry oder Petrol zu tragen, weil diese Farben gerade in Mode sind. Das Kollektiv, in dem wir leben, prägt nicht nur unseren Geschmack, sondern auch unser Wertesystem. Unsere Gesellschaft hat zum Beispiel beschlossen, dass es positiv ist, Erfolg und Besitz zu haben und dabei möglichst jung und schlank auszusehen, und negativ, nachlässig in der Altersvorsorge zu sein. In einem anderen Kollektiv kann das ganz anders sein. Nicht besser oder schlechter, sondern anders. Doch obwohl wir uns für reiseerprobt und weltmännisch halten, glauben wir doch, dass unsere Art und Weise, die Dinge zu interpretieren, die richtigere ist. Oft haben wir ganz bestimmte Vorstellungen davon, wie es aussehen würde, wenn wir erst Hand an die Sache legen würden.

Doch mit unseren alten Überzeugungen und Denkmustern kommen wir heute nicht so recht weiter. Was wir bisher als positiv bewertet haben – zum Beispiel grenzenloses Wachstum, materiellen Fortschritt und uneingeschränkten Konsum –, stellt sich heute als negativ heraus. Wachstum und materieller Fortschritt haben auf der einen Seite gut sortierte Regale und auf der anderen unkontrollierte Ausbeutung, Armut und Zerstörung geschaffen. Es sind die zwei Seiten ein und derselben Medaille. Das eine existiert nicht ohne das andere. Das viele Fleisch, das wir essen, gibt es nicht ohne Massentierhaltung, Treibhausgase, Antibiotika im Grundwasser und ständig neue Epidemien. Wir können den Komfort nicht ohne Energie und Anstrengung haben.

Haben wir etwa geglaubt, dass uns nur die Rosinen zustehen – oder warum sind wir so entsetzt über die vielen Lebensmittel- und Medikamentenskandale? Wie können wir uns darüber wundern, immer mehr und immer neue Krankheiten zu bekommen, bei den Mengen an Schadstoffen, denen wir täglich ausgesetzt sind und gegen die uns all die Verordnungen, Normen und Garantien, die uns so lieb und teuer sind, nicht schützen, weil sie in einem System, in dem der materielle Gewinn der höchste Wert ist, eben in erster Linie jenen nützen, die daran verdienen? Wie kann es uns erstaunen, dass die Völker, deren Regierungen wir mit Waffen beliefern, irgendwann bei uns vor der Haustür stehen? Wir können es drehen und wenden, wie wir wollen: Wir bekommen das eine nicht ohne das andere. Die Probleme, die wir schaffen, fallen früher oder später alle auf uns zurück.

Wir können uns nun neu dafür entscheiden, unser Potenzial für den Aufbau einer Welt zu nutzen, in der alle Platz haben. Um zu begreifen, wozu wir fähig sind, müssen wir uns selbst besser kennenlernen und uns damit beschäftigen, wer wir eigentlich sind und was wir hier machen. Wenn ich nicht weiß, wer ich wirklich bin, kann ich mein Potenzial auch nicht entfalten.

Unser Weltbild ist von einem dualistischen Wertesystem geprägt, nach dem sich die Dinge als Gegensätze gegenüberstehen. Doch was sich auf den ersten Blick auszuschließen scheint, gehört untrennbar zusammen. Wir bekommen das eine nicht ohne das andere. Nur wenn wir lernen, die Dinge als Ganzes anzunehmen, bekommen wir schließlich das, was wir wollen.

AUF
SCHMALEM GRAT

Die Dinge sind, was sie sind. Erst wenn wir den Blick auf die Verhee-
rungen und Verwüstungen um uns herum wagen und uns unser zer-
störerisches Potenzial bewusst machen, werden wir auch unser schöp-
ferisches Potenzial begreifen. Die Veränderungen kommen nicht von
außen, sondern entspringen der Bereitschaft jedes Einzelnen, für sich
Stellung zu beziehen.

Wir haben nun die Wahl: weiter die Augen verschließen und so
tun, als sei nichts. Bis zum Letzten von dem, was uns die Erde noch
schenkt, profitieren, die Zerstörung ihren Lauf nehmen lassen und
uns dabei so gut wie möglich amüsieren. Vielleicht lehnen wir uns
blasiert und mit vollem Bauch in unserem Sessel zurück und de-
klarieren das Ende der Illusionen und den Anfang vom Ende der
Welt. Wir wissen Bescheid, uns macht keiner was vor. Währenddessen kämpfen Millionen von Menschen ums Überleben und
wünschen sich einfach nur Boden unter den Füßen und etwas zu
essen.

Wir können dem Ganzen auch gleich ein Ende machen. Der
Mensch ist eben von Grund auf schlecht, seinem Nächsten ein

Wolf und der Natur ein gnadenloser Zerstörer. Deprimiert, frustriert und ohne Hoffnung ziehen wir uns in uns zurück und lassen, wenn überhaupt, nur noch unser jeweiliges Haustier an uns heran.

Ist das alles, was wir zu bieten haben? Die Krönung der Schöpfung ein Ignorant, ein Feigling, ein Zyniker? Sind wir auf der Welt, um das zu begreifen? Sehen wir etwas genauer hin, ohne »Was ist das alles schrecklich« oder »Ich habe es ja gleich gesagt«.

Doch es fällt uns schwer, die Dinge erst einmal so zu nehmen, wie sie sind, bevor wir etwas unternehmen. Wir reagieren unvermittelt, interpretieren und analysieren uns alles Mögliche zurecht und werden nicht müde, uns zu rechtfertigen und entweder uns selbst oder die anderen anzuklagen. Wir drücken allem und jedem unseren Stempel auf, pressen die Dinge in unsere Denkmuster und sind dann der felsenfesten Überzeugung, dass sie genau so sind, wie wir sie sehen und nicht anders.

Wenn wir jedoch den Gedanken zulassen, dass die Dinge noch andere Dimensionen haben als die, die wir in ihnen sehen, entsteht eine Bresche. Wir stehen wie auf einem schmalen Grat zwischen den Abgründen Resignation und Illusion, Schwarzseherei und Ignoranz. Von hier aus fällt unser Blick auf Wüsten und abgeholzte Wälder, abgetragene Berge und verschobene Flussläufe, ausgetrocknete Seen und schmelzende Gletscher, eine durchlöcherte Ozonschicht und einen stetig steigenden Meeresspiegel. Und das alles haben wir geschaffen! Wir haben die Erde nach unseren Vorstellungen gestaltet.

Ist uns klar, welch eine Kraft dahintersteht und was für ein enormes Potenzial da zum Wirken gekommen ist? Wenn wir diese Kraft nun darauf verwenden würden, eine gerechtere, gesündere und harmonischere Welt aufzubauen? Wir haben doch bewiesen, was alles in uns steckt und was wir erreichen können. Wie sähe es aus, wenn wir nicht darauf warten, dass die anderen sich zuerst in Bewegung setzen, sondern selbst unsere Energie dafür verwenden, an etwas mitzuwirken, was uns allen dient? Sind wir noch dazu in der Lage, Visionen einer friedlichen, harmonischen, gerechten Gesellschaftsform zu entwickeln, bei all den Katastrophennachrichten, mit denen man uns so großzügig berieselt? Einer Gesellschaft zum Beispiel, in der die Menschen aufeinander zugehen und miteinander teilen, in der genug zu essen für alle da ist, in der die Luft zum Atmen und das Wasser zum Trinken sauber und allen zugänglich sind?

Wir haben genug Fantasie, uns alle möglichen Szenarien des Weltuntergangs vorzustellen und produzieren viele spannende Filme zu diesem Thema – wie wäre es, wenn wir unsere Fantasie einmal dafür verwenden würden, Visionen für eine bessere Welt zu entwickeln? Oder würde uns das gar langweilen? Filme, in denen die Menschen Hand in Hand über grüne Wiesen gehen, vermitteln sicher nicht denselben Kick wie Filme, in denen charismatische Helden gegen Aliens, Mutanten oder den Weltuntergang kämpfen. Wir brauchen die Gefahr, um uns lebendig zu fühlen. Warum sonst stürzen wir uns mit Gummiseilen an den Füßen ins Leere oder verteidigen mit Zähnen und Klauen unser Recht, auf Autobahnen 270 Stundenkilometer zu fahren? Gefahr spornt uns an, uns auf den Weg zu machen und uns über unsere eigenen Grenzen hinwegzusetzen.

Doch während wir uns immer weiter hinaufschwingen in noch schwindelerregendere Höhen, vergessen wir, dass es auch jede Menge Abenteuer in unseren inneren Tiefen gibt. Sie zu erkunden erfordert ebenso viel Mut wie das Erforschen des äußeren Universums. Wie im Außen gibt es auch in unserem Innen schwarze Löcher, Chaos und unbekannte Galaxien, in die niemals jemand vorgedrungen ist. Es kann eine größere Herausforderung sein, sich selbst zu hinterfragen, als auf den Mond zu fliegen. Gegen das, was wir erleben, wenn wir uns an unser Ego heranwagen, ist die Reise ins Weltall ein Spaziergang.

Wie stellen wir uns nun dieses Innen vor? Schweben die Dinge hier zusammenhangslos durch den Raum? Herrschen hier das Recht des Stärkeren und das Gesetz des Dschungels? Lauert überall der Feind?

Wir wissen heute, dass die Vorgänge in einem lebendigen Organismus nicht zufällig, sondern nach präzisen Gesetzen ablaufen. Die Dinge existieren nicht unabhängig voneinander. Alles ist miteinander verbunden. Alles ist Teil eines komplizierten Netzwerks, das sich zu einem Ganzen zusammenfügt. Milliarden kleinster Lebewesen sorgen dafür, dass unser Organismus perfekt funktioniert. Bei der Erhaltung des Gleichgewichts innerhalb dieses Organismus zählt jeder Teil, und mag er noch so unbedeutend, überflüssig oder auch störend erscheinen. Alles, was existiert, hat seinen Platz und seine Funktion, ansonsten hätte es die Evolution längst verschwinden lassen.

Das Funktionieren unseres Körpers beruht auf Kooperation und Austausch – und nicht auf Konkurrenz. Innerhalb unseres Körpers ist alles miteinander verbunden. Nichts existiert getrennt vom Ganzen. Wenn ein Teil ein Problem hat, wirkt sich das auf den gesamten Organismus aus. So auch im Außen. Wir alle sind aus einer Verbindung heraus entstanden und brauchen die Bindungen zu anderen wie die Luft zum Atmen. Jeder von uns sucht nach Gemeinschaft und danach, seiner Gemeinschaft von Nutzen zu sein. Es sind doch nur die Nichterfüllung dieses Bedürfnisses und das Gefühl des Ausgeschlossenseins, die uns zu kranken Menschen machen. Ohne Teilen, ohne Austausch, ohne Nähe ist Leben nicht möglich. Dank dieser Kräfte kommen wir auf die Welt. Unser ganzes Leben lang streben wir danach, neue Bindungen aufzubauen und mit ihnen und an ihnen zu wachsen und uns weiterzuentwi-ckeln. Das Bedürfnis, mit anderen zu teilen und anderen zu helfen, ist uns angeboren.[4]

Erst wenn unser natürliches Bedürfnis nach Verbundenheit nicht erfüllt wird, werden wir andere Formen des Ausdrucks suchen, um zu bekommen, was wir alle suchen: Aufmerksamkeit. Wir suchen Liebe, und wenn wir die nicht bekommen, soll man uns wenigstens respektieren. Wenn wir keinen Respekt bekommen, soll man uns wenigstens fürchten. Und wenn wir die Furcht nicht bekommen, soll man uns wenigstens hassen. Was wir auch tun, es ist darauf ausgerichtet, Bindungen zu schaffen. In welcher Form auch immer.

> Die Zusammenhänge zwischen äußerer und innerer Welt werden offenkundig, wenn wir uns das Maß der Zerstörung um uns herum ansehen. Es macht uns bewusst, welches Potenzial in uns steckt. Im Erforschen unserer Innenwelt offenbaren sich uns Ansätze zur Lösung unserer Probleme im Außen: Wir begreifen, dass das Leben nicht auf Konkurrenz, sondern auf Kooperation beruht. Ohne die Verbindung zu dem, was uns umgibt, können wir nicht existieren.

---

4 Die Frage, was beim Menschen angeboren und was anerzogen ist, beschäftigt die Wissenschaft seit Langem. Der Neurobiologe Gerald Hüther erzählt von einem Versuch: Man zeigt sechs Monate alten Säuglingen einen Minifilm, in dem ein rotes Männchen eine Kugel den Berg hochschiebt. Ein blaues Männchen kommt ihm zu Hilfe und gemeinsam schaffen sie die Kugel nach oben. In einer anderen Sequenz wartet oben ein grünes Männchen, das die Kugel immer wieder nach unten schubst. Anschließend sollen die Babys wählen: grün oder blau? Alle entscheiden sich für das blaue, helfende Männchen – und gegen das grüne, zerstörerische. Derselbe Test wurde mit Dreijährigen durchgeführt: 20 Prozent entschieden sich für das grüne Männchen. Die Kinder haben begonnen, die Menschen in ihrer Umgebung nachzuahmen.

VOM GEFÄHRT ZUM GEFÄHRTEN: DER KÖRPER ALS FREUND

Die Reise zu uns selbst beginnt. Wir treten sie nicht allein an: Unser Körper ist unser Partner. Über ihn spüren wir, wenn wir vom Weg abkommen. Er signalisiert uns, wenn wir etwas vernachlässigt oder übersehen haben. Indem wir der Sprache unseres Körpers vertrauen und die Botschaft, die er uns übermittelt, annehmen, finden wir unsere Orientierung wieder.

Wie erleben wir unseren Körper? Empfinden wir ihn als Freund? Passt er uns so, wie er ist? Oder ist er uns zu groß, zu klein, zu dünn, zu dick etc.? So richtig zufrieden sind wir mit ihm eigentlich nie. Dementsprechend behandeln wir ihn entweder mit Strenge oder mit Nachlässigkeit. Unsere Beziehung zu ihm ist eher distanziert und oberflächlich. Meist interessiert uns nur die äußere Hülle und oft haben wir zu unserem Auto eine engere Bindung. Unser liebstes Objekt sagt viel über uns. Wir gehen etwa so durch das Leben, wie wir Auto fahren: zurückgelehnt, einen Ellenbogen lässig im Fenster oder die Hände ums Steuer gekrampft und den Sitz ganz vorne? Auf der Überholspur, hinter Lastwagen klebend oder vorsichtig immer in der Mitte? Auf andere Autofahrer schimpfend oder gelassen Musik hörend? Die Augen mehr im Rückspiegel als nach vorne gerichtet? Unsere Art und Weise, durchs Leben zu gehen, spiegelt sich in unserem Verhalten als Autofahrer. Doch während der stotternde Motor unseres Fahrzeugs alle Aufmerksamkeit von uns bekommt, interessieren wir uns oft nicht besonders dafür, was in unserem Körper eigentlich passiert.

Wenn unser Auto kaputt ist, bringen wir es in die Werkstatt und bezahlen eine Menge Geld dafür. Würde der Mechaniker nur das Kabel des Alarmzeichens durchtrennen, erschiene uns das als absurd. Wir erwarten von ihm, dass er sich für die Ursache des Problems interessiert.

Und wie ist es, wenn wir zum Arzt gehen? Eine der großen Errungenschaften unserer Gesellschaft ist es, dass jedem von uns eine weitgehend kostenlose ärztliche Versorgung zusteht. Wir bezahlen in der Regel nicht dafür. Wir lassen uns von oben bis unten durchchecken, um Funktionsfehler zu finden, aber die wirklichen Ursachen interessieren weder die Medizin noch uns besonders. Wenn es darum geht, sich mit dem zu beschäftigen, was hinter der Karosserie steckt, knausern wir gerne herum. Vielleicht investieren wir in ausgewogene Ernährung und achten auf unsere Linie, vielleicht treiben wir mehr oder weniger regelmäßig Sport und gehen an die frische Luft – aber wenn es irgendwo zieht oder drückt, ziehen wir gerne mit allen möglichen Betäubungsmitteln, die uns reichlich zur Verfügung stehen, einfach das Kabel raus und unterdrücken die Symptome.

Doch je mehr wir zu Trostpflastern greifen und je unaufmerksamer wir dem gegenüber sind, was wirklich hinter unserem Unwohlsein oder unserer Krankheit steckt, desto mehr Probleme werden wir mit unserem Körper bekommen. Zwar ist unsere Lebenserwartung dank der verbesserten Hygienebedingungen, des Fortschritts von Technik und Medizin und des Anstiegs des allgemeinen Wohlstands in den Industriestaaten insgesamt gestiegen, doch das macht uns nicht gesünder: Wir desinfizieren, impfen und sterilisieren uns schließlich krank,[5] werden träge und übergewichtig und unsere Zivilisation bringt immer neue Krankheiten hervor, die die Medizin zwar behandeln, aber nicht heilen kann: Diabetes, Alzheimer, Multiple Sklerose, Parkinson, Aids, Krebs … Dazu kommt, dass durch die medizinische Behandlung selbst Krankheiten entstehen. Wir sterben heute oft nicht mehr an der Krankheit an sich, sondern an den zahlreichen Nebenwirkungen der Medikamente, die wir in großen Mengen zu uns nehmen, oder an den Infektionen, die wir uns in den Krankenhäusern zuziehen.[6]

Doch bis es so weit ist, haben diejenigen, die uns diese Behandlungen verabreichen, ein Vermögen an uns verdient. Je aggressiver die Behandlung, desto größer der Gewinn. Je größer die Abhängigkeit, desto geringer die Chance, dass sich unser Organismus von allein wieder reguliert.

Unser Umgang mit unseren kranken Körpern zeugt von der Distanz, die wir zwischen unserem Gefährt und dem Chauffeur dieses Gefährts haben entstehen lassen. Das moderne Gesundheitswesen hat uns vergessen lassen, wer eigentlich am Steuer sitzt und was der Körper von ganz allein vermag. Denn die Funktionen des menschlichen Organismus sind bis aufs Kleinste perfekt aufeinander abgestimmt.

---

5 Es ist heute erwiesen, dass übertriebene Hygiene den natürlichen Haushalt unseres Körpers erheblich stören kann. Viele Lebensmittel, obwohl in einwandfreiem hygienischen Zustand, enthalten immer weniger Nährstoffe, und selbst lange Zeit als banal eingestufte Impfungen stehen inzwischen unter dem Verdacht, Krankheiten wie Autismus herbeiführen.

6 Es gibt etliche Studien zu den fatalen Folgen der sogenannten iatrogenen Krankheiten, das heißt, den Krankheiten, die die Medizin selbst verursacht. Manche Forscher sprechen sogar von iatroepidemischen Folgen medikamentöser Behandlungen. Sie stellen ein erhebliches Gesundheitsrisiko in unserer Gesellschaft dar und fordern jährlich das Leben Hunderttausender Menschen.

Krankheiten fallen nicht zufällig vom Himmel auf uns herab, sondern entwickeln sich nach präzisen bio-logischen Gesetzen in unserem Körper und sind so angelegt, das Ganze so lange wie möglich am Leben zu halten. Wenn irgendwo in uns etwas wächst, schmerzt oder aus dem Rhythmus kommt, dann hat das einen Sinn. Irgendetwas stimmt nicht mit uns, etwas klemmt, ist blockiert, läuft nicht mehr rund, ist nicht länger im Gleichgewicht. Um uns das mitzuteilen, schickt uns unser Organismus ein Symptom. Jeder kommuniziert schließlich so, wie er kann. Wie sollte unser Körper es uns auch sonst sagen? »Niere an Stimmbänder: Wir haben hier ein Problem mit dem Territorium. Der Boss hat gerade seinen Job verloren und kommt mit dem Platzverweis nicht klar.« Da Nieren aber nun keine Stimmbänder haben, erhöhen sie zum Beispiel die Urinproduktion, um das Territorium zu markieren – so wie wir es immer schon machen, um auszudrücken: »Hier ist mein Revier. Komm mir nicht zu nahe.«

Wenn wir unter einem Verlust leiden, aber so tun, als hätten wir kein Problem damit, mit unserem Job auch den Boden unter den Füßen verloren zu haben (wir sind ja schließlich groß und stark), mit niemandem über unsere Verletzung sprechen und weitermachen, als sei nichts, dann treten unsere Nieren in Aktion. Sie fabrizieren zum Beispiel Nierensteine, Koliken oder Entzündungen, um uns zu zeigen, dass wir gut daran täten, über unser Problem zu sprechen und unsere verletzten Gefühle zu äußern, das heißt, nach außen zu bringen. Wenn wir das nicht tun, dann bleiben sie eben drinnen. Hier kümmern sich die Nieren auf ihre Weise um das Problem – so lange, bis wir uns endlich damit beschäftigen. Dann *brauchen* wir die Nierensteine, Koliken oder Entzündungen irgendwann nicht mehr. Sie haben ihren Job erfüllt und können verschwinden.

Unser Körper, den wir so kritisch beäugen und in Form zwingen, ist ein Wunderwerk der Natur. Trotz aller Fortschritte ist die von uns erfundene und entwickelte Technik nicht ansatzweise dazu in der Lage, das zu schaffen, was die Natur kann. Alles, was sie hervorbringt, ist darauf ausgerichtet, so lange wie möglich zu funktionieren. Damit der Gesamtorganismus intakt und im Gleichgewicht bleibt, ist in jede Zelle eine Art Verfallsdatum einprogrammiert. So erneuert sich unser Körper alle sieben Jahre komplett. Durch das regelmäßige Absterben der alten, verbrauchten Zellen kommt immer wieder frischer Nachschub. Damit Neues kommen kann, muss das Alte Platz machen. Ohne diesen Kreislauf ist kein Leben möglich.

Was auch immer in unserem Organismus passiert: Alles, was geschieht, ist auf das Wohl des Ganzen ausgerichtet. Dem können wir bedingungslos vertrauen. Unser Körper will uns nichts Böses. Er will uns nicht ärgern, wenn irgendetwas in ihm schmerzt oder nicht richtig funktioniert, sondern das Gesamte so lange wie möglich und zu den bestmöglichen Bedingungen am Leben erhalten. Jede Störung ist darauf ausgerichtet, wieder Harmonie und Gleichgewicht herzustellen.

Der Organismus regelt sich ohne jedes Eingreifen immer wieder selbst. Unser Körper verfügt über die nötigen Selbstheilungskräfte, um das Problem selbst in den Griff zu bekommen. Alles, was wir tun können, ist, ihn dabei zu unterstützen.[7] Gewiss können Krankheiten unser Leben bedrohen und natürlich wird unser Körper irgendwann erschöpft sein und sterben – doch er ist niemals unser Feind. Das Schlimmste, was wir ihm antun können, ist, gegen ihn in den Krieg zu ziehen. Befreien wir uns also von der

---

7   In der auf SWR ausgestrahlten Sendung »Odysso: Selbstheilung – Der Arzt in Dir« wird das Thema Selbstheilung anschaulich dargestellt und kommentiert.

Vorstellung, dass Materie, auch dann, wenn wir sie »Tumor« nennen, »böse« sein kann. Geben wir der Krankheit, in welcher Form auch immer sie auftritt, die Chance, uns ihre Botschaft zu überbringen. Wenn wir diese Botschaft annehmen, dem Problem Aufmerksamkeit schenken und dem zuhören, was unser Körper uns mit dem Symptom sagen will, dann sehen wir, dass das, was wir auf den ersten Blick für ein Ungeheuer gehalten haben, in Wirklichkeit gar keines ist. Machen wir so unseren Körper vom *Gefährt* zum *Gefährten* und vertrauen wir ihm, dass alles, was sich in ihm abspielt, letztendlich nicht *gegen* uns ist, sondern *für* uns.[8]

Heilung erfolgt dann, wenn wir die Botschaften, die unser Körper uns schickt, annehmen. Sie sind versteckte Einladungen, unser Verhältnis zu uns selbst und unseren Platz im Leben zu hinterfragen. Hinter jeder Krankheit steht die Aufforderung, bisher ungelösten Aspekten unserer selbst mehr Aufmerksamkeit zukommen zu lassen und uns damit zu beschäftigen, was hinter der Fassade geschieht.

> Unser Organismus hat seine eigene Art zu kommunizieren. Das Symptom macht uns nicht nur auf ein rein mechanisches Problem aufmerksam. Wir sind ganzheitliche Wesen, in denen körperliche und geistige Dimensionen miteinander zusammenhängen und sich gegenseitig bedingen. Krankheit teilt uns mit, dass auch auf einer anderen Ebene etwas aus dem Gleichgewicht geraten ist, und gibt uns damit die Chance, uns selbst näherzukommen.

---

8 Dazu weiterführend mein Buch: *Krankheit heilt. Vom kreativen Denken und dem Gespräch mit sich selbst,* Aachen: Omega-Verlag 2014.

GRÖSSE ZULASSEN

Auf dem Weg zu uns selbst erkennen wir, dass wir nicht die Opfer dessen sind, was uns widerfährt. Die Welt, die wir bisher fein säuberlich in Täter, Opfer und Retter eingeteilt hatten, erweist sich als Illusion. Indem wir begreifen, dass wir uns nur selbst retten können, befreien wir uns aus unserer Ohnmacht und richten uns innerlich zu unserer vollen Größe auf.

Wir trimmen zwar unsere Körper darauf, groß und stark zu erscheinen, und fühlen uns doch in unserer inneren Festung oft klein, schwach und unbedeutend. Unsere Stärke schlummert unbewusst vor sich hin und wir verstecken sie tief in uns, wenn es darum geht, etwas in unserem Leben zu verändern.

Wir leben in unerfüllten Beziehungen, machen Jobs, die uns nicht entsprechen, umgeben uns mit Menschen, mit denen wir im Grunde nichts anfangen können, und leben an Orten, mit denen wir uns nicht verbunden fühlen – doch anstatt den Schritt ins Ungewisse zu wagen, bleiben wir in Situationen stecken, die uns krank und unglücklich machen. Hier kennen wir uns aus. Nichts erscheint schließlich bedrohlicher als das Unbekannte. Es könnte ja noch schlimmer kommen. Wir haben viel Übung darin, uns mit unserem Unglück zu identifizieren. Wir können uns so sehr in ihm einrichten, dass es unserem Leben schließlich Bedeutung gibt. Es ist wie eine Korsage, die uns aufrecht hält, ein Mieder, das zwar nicht besonders sexy ist, aber von außen gesehen eine gute Figur macht. *Seht, wie schlecht es mir geht, wie arm ich dran bin.* Es gibt uns eine gewisse Wichtigkeit.

Wenn wir uns nun innerlich aufrichten und zu unserer Stärke stehen würden, wird es erst einmal unbequem. Wir können uns dann nicht mehr hinter den Umständen verstecken, sondern müssen uns fragen, inwiefern wir eigentlich zu unserer Lebenssituation beitragen.

Es verlangt Mut, sich von seinem Unglück zu trennen, denn es bedeutet, dass wir etwas hingeben müssen. Etwas, das uns seit Langem lieb und teuer ist. Unsere Kultur legt es uns in die Wiege. Wir baden oft ein Leben lang darin, ohne dass es uns bewusst ist. Es ist unsere Opferrolle. Sie hindert uns daran, aufzustehen und unser Leben in die Hand zu nehmen. Sie klebt an uns und beschwert unsere Schritte. Sie hält uns klein und macht andere zu Tätern.

Niemand zwingt uns allerdings, diese Rolle zu spielen. Wir sind es selbst. Niemand schüttet uns morgens beim Aufstehen Pech vor die Füße und niemand fesselt uns abends vor Realityshows und Dokusoaps. Niemand drückt uns den Einkaufswagen in die Hand, gefüllt mit Produkten, die wir gar nicht wollen. Niemand zwingt uns, uns schlecht zu ernähren und zu wenig zu bewegen. Niemand zieht unsere Mundwinkel nach unten oder nötigt uns, bei jedem Wehwehchen zum Arzt und in die Apotheke zu laufen, anstatt zu beobachten, wo eigentlich das Problem liegt. Niemand schubst uns immer wieder in die Arme von Partnern, die uns nicht verstehen, oder lässt Kinder vom Himmel fallen, aus denen wir nicht schlau werden.

Wir sind es, die wir uns immer wieder in dieselben Situationen bringen und uns das Leben schwer machen. Doch wenn wir das zugeben würden, bräche unsere Welt wie ein Kartenhaus über uns zusammen und wir stünden allein mit unserer Verantwortung da. Also nähren wir unsere Opferrolle wie ein lieb gewordenes Haustier: »Ich armer Hund. Ich bin wirklich zu bedauern.« Stundenlang berichten wir denen, die es noch hören können oder die zu nett sind, den Hörer aufzulegen, von dem, was uns wieder alles Schreckliches widerfahren ist. Viel anderes hätten wir übrigens auch nicht zu sagen, denn wir interessieren uns weder besonders für die Welt noch für die anderen. Nur in unserer Misere fühlen wir uns so richtig wohl und lebendig. Und wenn wir dann genug von unseren eigenen Litaneien haben, bekommt der andere ein kurzes »Jetzt geht es mir schon wieder viel besser« vor die Füße geworfen, um ihn für das nächste Mal bei Laune zu halten. Da ihn unsere ständigen Klagen zu Tode langweilen, soll er doch wenigstens das Gefühl haben, nützlich zu sein.

Natürlich können wir uns nicht einfach so eingestehen, dass wir uns unseren ganzen Mist selbst eingebrockt haben. Wir hätten ja gar kein Gesprächsthema mehr. Wie ständen wir dann da? Also sind immer die anderen an unserem Unglück schuld: der Partner, der Chef, die Politiker, das Wetter, der liebe Gott, die Nachbarn, die Autofahrer, die Ausländer. Vor allem diejenigen, die wir nicht kennen und auch nicht kennenlernen wollen – denn sonst hätten wir ja niemanden mehr, dem wir den schwarzen Peter zuschieben könnten –, sind eine perfekte Projektionsfläche für unsere eigene Unzufriedenheit.

In unseren ganz schwarzen Momenten schließlich klagen wir uns selbst an: »Was bin ich für eine Null! Immer mache ich alles verkehrt! Ich Arme!« Wir sind unser eigenes Opfer: Opfer unserer Gefühle, unserer Stimmungen und Launen, unserer Erziehung oder Gene.

Wo ein Opfer ist, ist auch die Hoffnung auf einen Retter. Opfer, Täter und Retter: Sie schreiben seit jeher Weltgeschichte. Ein Trio infernale, das uns vor allem Unterdrückung, Gewalt und Kriege beschert hat, denn alles wird damit gerechtfertigt, dass man selbst das unschuldige Opfer und der andere der böse Angreifer ist. Ausbeutung, Massenmord, Vertreibung, Versklavung, Zerstörung, das rücksichtslose Durchsetzen der eigenen Interessen … schuld sind die anderen. Man selbst tut ja alles nur für einen guten Zweck, zum Wohl seiner Familie, seines Clans, seines Unternehmens, seines Landes. Man opfert sich förmlich auf für die Seinen. Der andere sieht das genauso, nur umgekehrt.

Damit ist der Boden für die einzig noble Gestalt in diesem Szenarium geebnet: Der Retter kann in Erscheinung treten. Er erhebt sich aus der Masse, eine Lichtgestalt, die Erlösung verspricht. Das zumindest wird von ihm erwartet. So haben wir es auch verstanden, als sich vor zweitausend Jahren eine Lichtgestalt am anderen Ende der Welt erhoben hat. So wurde es uns überliefert. Seine Worte wurden übersetzt, überarbeitet, interpretiert, umgeschrieben, den jeweiligen Zeiten angepasst und von ihren Mächtigen zunutze gemacht – bis schließlich etwas dabei herausgekommen ist, was mit den Ursprüngen des Christentums nicht mehr viel zu tun hat.

Und wenn wir etwas falsch verstanden haben? Wenn es im Grunde gar nicht um Täter, Opfer und Retter geht, sondern um das Licht und die Größe, die *in* jedem Einzelnen von uns stecken? Wenn das die gute Nachricht war? Wenn die Botschaft nicht lautete: »Ich rette dich«, sondern: »Ich zeige dir das Licht in dir, das deine Rettung ist«? Schließlich hat sich Christus selbst geopfert, um uns zu zeigen, dass wir nichts zu befürchten haben, nicht einmal den Tod. Doch die Botschaft konnte so nicht stehen bleiben. Anstatt alle von ihr profitieren zu lassen, haben sie sich einige wenige angeeignet, um sie für sich und ihre Zwecke auszunutzen. Kreuzzüge, Inquisition, Missionierung und die damit verbundene Ausrottung von Millionen Menschen auf der einen Seite – und sorgsam unterhaltene Geschichten von Bestrafung und Höllenqualen, um die Leute unter dem Joch und die Institution bei Kasse zu halten auf der anderen. Haben wir das im Kopf, wenn wir andere als »Barbaren« bezeichnen?

Doch es wird zunehmend schwierig, in unserer immer komplexer erscheinenden Welt die »Guten« von den »Bösen« zu unterscheiden. Wer steht eigentlich auf welcher Seite? Es gibt oft keine einfachen, eindeutigen Hintergründe und wir müssen uns die Frage stellen, wer in welchem Interesse welche Fäden zieht. Wir haben heute die Möglichkeit, uns darüber zu informieren. Es wird zumindest theoretisch immer schwieriger, uns zu manipulieren, und wir können uns heute nicht mehr dahinter verstecken, es nicht gewusst zu haben. Unsere Informationsgesellschaft gibt uns damit etwas in die Hände, das uns wie eine heiße Kartoffel anmutet: die Verantwortung, uns zu positionieren. Wir kommen nicht umhin, Farbe zu bekennen: »Ja, ich unterstütze das« oder »Nein, ich unterstütze das nicht«. Verantwortung übernehmen bedeutet nicht, Schuld tragen, denn Schuld bezieht sich auf etwas, was schon vorbei ist. Die Vergangenheit können wir sowieso nicht mehr ändern. Doch die Gegenwart können wir gestalten. Während Schuld klein macht, macht Verantwortung groß, denn sie fordert dazu auf, sich die Hände frei zu machen und zu handeln. Sie ermöglicht es uns, Position zu beziehen.

Und was machen wir mit der heißen Kartoffel? Was schon: sie aufessen. Unsere Verantwortung in uns aufnehmen und riskieren, dass die Welt, die wir so fein säuberlich in »Opfer« und »Täter«, in »gut« und »böse« eingeteilt haben, uns damit vielleicht in einem anderen Licht erscheinen wird.

Jahrtausendelang haben wir unsere Welt in Opfer, Täter und Retter eingeteilt und darüber definiert, was »gut« und was »böse« ist. Das Festhalten an unserer Opferrolle macht andere zu Schuldigen und hindert uns daran, Verantwortung für unser Leben zu übernehmen. Erst, indem wir uns innerlich aufrichten und zu unserem Tun stehen, können wir uns aus den Fesseln, die wir uns selbst angelegt haben, befreien.

HEILEN DER FAMILIENBANDE

Wir erfahren uns über die Menschen, aus denen wir hervorgegangen sind. Über die Familie werden uns die tiefen Verbindungen des Seins über Raum und Zeit hinweg bewusst. Alles Ausgeschlossene, Abgewiesene, Verdrängte wird so lange auf sich aufmerksam machen, bis es erneut in das Ganze integriert wird. Im Gleichgewicht des Gesamten löst sich das Problem des Einzelnen.

Die Welt, in die wir hineingeboren wurden, ist unvorstellbar komplex. Die Dinge sind nicht brav auf einer Linie angeordnet. Sie sind Teil eines gigantischen Netzwerks, in dem alles zusammenhängt. Alles ist mit allem verbunden. Wenn sich ein Teil bewegt, hat das einen Einfluss auf das Gesamte.

Wir Menschen sind das vorläufige Resultat von Millionen Jahren Entwicklungsgeschichte – und damit Träger von unzähligen, nicht kalkulierbaren Informationen. Im Mutterleib durchlaufen wir noch einmal die gesamte Genese, vom Mineralischen über das Pflanzliche und Animalische bis hin zum lebensfähigen Menschen. Auf indirekte Weise kommt so in uns alles, was jemals existiert hat, zum Ausdruck. In unserem Körper vereint sich also nicht nur das

Erbe unserer Eltern, sondern auch das aller Generationen vor ihnen. Unzählige Zellen tragen die Erinnerung an das, was vor uns war, in sich. So vibriert in uns auf subtile Weise alles, was die Schöpfung jemals hervorgebracht hat. Und auch wir geben weiter, was wir heute sind: über unsere Kinder und alles, mit dem wir über unser Fühlen, Denken und Handeln in Verbindung stehen. Niemals wird das Universum den Moment vergessen, in dem wir existieren. Wir gehören unauslöschlich mit dazu.

Wenn wir nun versuchen, etwas, was existiert hat, auszuschließen – Menschen, Gedanken, Gefühle, Ereignisse –, löschen wir es damit nicht aus oder machen es ungeschehen. Das, was wir versuchen, zu verdrängen und in unseren Tiefen einzuschließen, bahnt sich einen Weg an die Oberfläche wie die Pflanze, die den Asphalt durchbricht, um an das Licht zu kommen. Die Erinnerung lebt weiter und findet früher oder später einen Weg ins Bewusstsein der Menschen. Das, was wir in unserem Leben von uns stoßen, bekämpfen oder versuchen zu ignorieren, verschwindet auch nach uns nicht spurlos im Raum. Das Leid, das wir in unserem Leben nicht lösen, geben wir an die folgenden Generationen weiter.[9]

In uns wirken nicht allein die Gene unserer Vorfahren. Auch ihre Namen klingen in uns, ihre Talente, Vorlieben, Abneigungen und Sehnsüchte. Berufe werden seit jeher vom Vater an den Sohn weitergegeben, aber auch Vorlieben und Abneigungen wandern von einer Generation zur nächsten. Nicht nur ähnliche Krankheiten tauchen immer wieder auf, sondern auch gewaltsame Tode wie Morde, Selbstmorde und Unfälle. Jede Familie hat ihre Leichen im Keller. Keine Familie ist frei von Geheimnissen, über die

---

9 Zum Thema transgenerationale Weitergabe siehe weiterführend die Arbeit von C. G. Jung, Bert Hellinger und Anne Ancelin Schützenberger. Siehe auch die hr2-Reihe »Das vererbte Leiden«.

man nicht gerne spricht: die vergewaltigte Großmutter, die ehebrecherische Tante, der betrügerische Onkel, das abgetriebene oder tot geborene Kind.

Oft ist das Erlebte so schmerzhaft und die Scham so groß, dass die Leidtragenden sich nur noch in Schweigen flüchten können. Gerne geben wir Omas Küchenrezepte weiter, doch über Opas Nazivergangenheit wird nicht gesprochen. Kriminelle, Untreue, Abtrünnige – nur allzu oft schließt die Gemeinschaft die Erinnerung an die aus, die Schande über den Clan gebracht haben und das harmonische Gesamtbild stören. Wie Kinder halten wir uns Augen und Ohren zu und glauben, damit gäbe es das schreckliche Ungeheuer nicht mehr. Wenn man nur die alten Geschichten ruhen lässt, dann lassen sie einen auch in Ruhe.

Doch das funktioniert nicht. Je mehr wir uns darum bemühen, etwas im Dunkeln zu lassen, desto stärker wird es ans Licht drängen. Die Verbrechen des Krieges – und davon gibt es zwangsläufig viele in der deutschen Geschichte – sind nicht durch Verdrängen zum Schweigen zu bringen. Solange das Schicksal und die Tat des Einzelnen nicht in die Familiengeschichte integriert werden, solange wird ein Teil des Gesamten versuchen, das entstandene Ungleichgewicht auszugleichen.

Die nachfolgenden Generationen tragen damit auf ihre Weise die Konsequenzen für das, was ihre Vorgänger nicht gelöst haben. Die Enkel können für die Fehler ihrer Großeltern zahlen, wenn deren Taten im Familienverband verdrängt werden. Egal, was jemand getan hat, er gehört dazu. Das entschuldigt nicht das, was getan wurde, doch solange wir etwas *draußen* lassen, solange wird es in irgendeiner Form an die Tür klopfen. Nachfolgende Familienmitglieder, die gar nichts von ihren Vorfahren und deren Geschichten wissen, weil man ja nicht über sie spricht, können sich über Generationen hinweg solidarisch mit den Ausgeschlossenen fühlen und auf ihre Weise deren Taten wiederholen, wie zum Beispiel der Sechzehnjährige, der auf der Schultoilette eine Klassenkameradin vergewaltigt. Er weiß nichts von dem russischen Soldaten, der damals seine Urgroßmutter vergewaltigt hat. Sie hat nie über diese Schande gesprochen, ihr Kind ausgetragen und versucht, ein möglichst normales Leben zu führen. Der Urenkel erinnert daran, dass nichts vergessen ist. Das macht die Tat, seine und die seines Urgroßvaters, nicht weniger schlimm – doch es zeigt, dass der Hintergrund des Problems eine unterbrochene Verbindung ist, also der unbewusste Wunsch, jemanden an seinen legitimen Platz zu holen. [10]

Wir können unseren Familienstammbaum nicht ändern. Ein Vater, der vergewaltigt hat, ist trotzdem ein Vater, und eine Mutter, die sich prostituiert, trotzdem eine Mutter. Was für Leid sie damit auch geschaffen haben, wir haben nur diese Eltern. Solange wir uns gegen sie auflehnen und sie nicht haben wollen, oder zumindest nicht so, wie sie sind, solange werden wir keinen Frieden in uns finden, denn keine andere Bindung ist so tief in uns verankert wie diese. Neun Monate lang lebten wir im Körper unserer Mutter, haben ihre Freuden, Ängste und Erwartungen geteilt und alles in uns aufgenommen, was sie erlebt hat.

---

10 Der Psychotherapeut Bert Hellinger entwickelte aus der systemischen Familientherapie seine Methode der Familienaufstellung. Die Teilnehmer der in Gruppen stattfindenden Aufstellungen fungieren als Stellvertreter für die Mitglieder der Familie der ratsuchenden Person. Über das subjektive Empfinden der aufgestellten und vollkommen neutralen Personen kann ans Licht kommen, welche Ordnungen bisher in einer Familienstruktur gestört waren. Die Grundidee ist, dass jede Person, egal, was sie in ihrem Leben getan hat, einen Platz im Gefüge hat und gewürdigt werden muss, um das Ganze ins Gleichgewicht zu bringen und damit die Blockaden der Einzelnen zu lösen. Die Opfer-Täter-Frage wird außer Acht gelassen, da sie laut Hellinger für das Finden einer Lösung für die Gemeinschaft irrelevant ist. Jedem Einzelnen obliegt es, sich seiner individuellen Verantwortung zu stellen.

Von niemandem sonst wünschen wir uns mehr Anerkennung, mehr Liebe, als von unseren Eltern – auch wenn wir meinen, sie seien uns egal. Denn sie sind unsere erste Verbindung mit der Welt. Niemand prägt uns mehr als sie – selbst dann, wenn sie abwesend sind. Sie sind nicht zu ersetzen – auch dann nicht, wenn wir andere Menschen »Mutter« und »Vater« nennen. Das mindert nicht die Tiefe der Gefühle oder die Qualität der Bindung zu anderen Menschen, doch es löscht unsere Verbindung zu den beiden Menschen, durch deren Begegnung wir einmal entstanden sind, nicht aus – wie auch immer diese Begegnung verlaufen ist.

Direkt oder auf Umwegen suchen wir unser ganzes Leben lang die bedingungslose Liebe der Mutter und die Anerkennung des Vaters in allen Menschen, die uns begegnen. Wir bauen Imperien auf, um insgeheim unseren Eltern zu gefallen. Was wir von ihnen nicht genug bekommen haben, suchen wir in anderen Menschen – und werden doch nie richtig satt, wenn wir als Erwachsene nicht lernen, das, was uns nährt, in uns selbst zu finden. Wenn wir an unserer Erwartung festhalten, von unseren Eltern das zu bekommen, was wir uns als Kind von ihnen wünschten, können wir nur enttäuscht werden und leer ausgehen. Lassen wir sie so sein, wie sie sind. Die Mutter, die wir haben, wird vielleicht ihre Liebe niemals so zeigen können, wie wir sie verstehen, und unser Vater wird uns vielleicht nie sagen, dass er stolz auf uns ist. Unsere Eltern sind ja ihrerseits voll des Sehnens nach der Liebe und Anerkennung ihrer Eltern und können nicht mehr an uns weitergeben als das, was sie selbst empfangen haben.

Zollen wir unseren Vorfahren Respekt dafür, dass über sie das Leben zu uns gekommen ist. Unsere Mutter hat bei unserer Geburt ihr Leben für unseres riskiert. Es war ihre Entscheidung, uns auf die Welt zu bringen. Was können wir ihr also mehr geben, als unseren Dank dafür? Egal, was wir heute als erwachsene Menschen mit unserem Leben anfangen, dieses eine »Danke« hat die Kraft, uns von den lähmenden Erwartungen zu erlösen: den Erwartungen unserer Eltern an uns und unseren Erwartungen an unsere Eltern.

Nicht die Enttäuschung, die Wut, der Groll oder das Nachtragen machen uns frei, unser Leben zu leben. Es ist der Dank, der uns aus unserem Gefängnis befreit. Dank an all diejenigen, die uns vorausgehen, dafür, dass sie das jeweils Beste getan haben, was ihnen in ihrer jeweiligen Lebenssituation möglich war, so wie wir heute versuchen, das Beste aus unserem Leben zu machen. Indem wir uns so selbst von unseren Erwartungen und unseren Pflichtgefühlen befreien, müssen wir die Liebe und Anerkennung unserer Eltern nicht mehr in anderen Personen suchen. Wir hängen dann weniger vom Wohlwollen unserer Chefs oder sonstigen Autoritätspersonen ab und müssen nicht mehr ständig unsere Partner wechseln, weil sie uns nicht das geben können, was uns unsere Eltern zu viel oder zu wenig mitgegeben haben. Wir lernen, uns von dem zu nähren, was wir in uns tragen. Wir können die Mutter – also das Prinzip der Weiblichkeit, des Yin, der Weichheit und der Ruhe – und den Vater – das Prinzip der Männlichkeit, des Yang, der Aktivität und Fülle – in uns selbst finden und müssen sie nicht mehr außerhalb von uns suchen.[11] Damit bleibt für unsere Familie das übrig, was uns im Herzen miteinander verbindet. Wir werden nicht vollkommen unabhängig von ihr werden können. Wir sind nun einmal abhängige Wesen: abhängig von anderen, abhängig

---

11 Yin und Yang sind die traditionellen Ordnungsprinzipien der chinesischen Weltsicht. Es sind Polaritäten, die sich wechselseitig hervorbringen und gegenseitig bedingen. Yin steht für Mond, Nacht, Kühle, Weichheit, Passivität. Yang steht für Sonne, Tag, Helligkeit, Wärme. Es geht nicht um eine Wertung, sondern um entgegengesetzte Prinzipien, die sich in einem immerwährenden Kreislauf beeinflussen und ergänzen.

von unserer Umgebung, abhängig von der Luft, die wir atmen … Doch wir können autonom werden. *Autonom*: Wir geben uns unseren Namen selbst und formen damit in einem bewussten Prozess unsere Identität.

In uns wirken nicht nur die Gene unserer Vorfahren, sondern auch ihre Geschichte und ihr Erleben. Was wir über Verdrängen versuchen auszuschließen, bahnt sich auch über Generationen den Weg in das Bewusstsein einzelner Teile des Gefüges. Das Gesamte findet Frieden, wenn das Ausgestoßene integriert wird. Wir werden frei, wenn wir unseren Vorfahren den Respekt erweisen, ihre Probleme nicht an ihrer Stelle zu tragen, und ihnen Dankbarkeit dafür entgegenbringen, dass über sie das Leben zu uns gekommen ist.

IM SPIEGEL DER ANDEREN SICH SELBST ERKENNEN

Wir erkennen uns selbst nicht ohne die anderen. Über die Begegnungen mit anderen Menschen erfahren wir, wer wir sind. Sie reflektieren uns in unserer Gesamtheit, mit unseren hellen und dunklen Seiten, mit dem, was wir von uns zeigen wollen, und mit dem, was wir versuchen zu verbergen.

Die Familie steht uns nun auf unserem Weg zu uns selbst nicht mehr im Wege. Doch da befindet sich eine Menge anderer Menschen, die wir uns mehr oder weniger ausgesucht haben. Viele davon erscheinen uns fremd, suspekt. Mit verschlossener Miene sitzen wir uns in den öffentlichen Transportmitteln gegenüber, genervt drängeln wir uns in der Menge aneinander vorbei, teilnahmslos stehen wir hintereinander in der Schlange und passen vor allem darauf auf, dass sich keiner vordrängelt.

Die anderen sind verdächtig und wollen uns potenziell nichts Gutes. Sie nehmen uns den Parkplatz oder die Arbeit weg. Sie verstehen uns nicht. Sie provozieren oder langweilen uns. Wie einfach wäre das Leben ohne nervige Nachbarn, meckernde Kollegen und schlechte Autofahrer! Immer wieder werden wir mit diesen Idioten konfrontiert. Es ist wie verhext: Kaum lässt uns einer halbwegs in Ruhe, steht schon der Nächste da und macht uns das Leben schwer. Da bleibt uns ja gar nichts anderes übrig, als uns in unsere virtuellen Gemeinschaften zurückzuziehen. Mit einem Klick hat man ein paar neue Freunde mehr, die wenigstens das liken, was man selbst auch likt, und die sich sogar dafür interessieren, was man gerade Belangloses macht. Und wenn man einander überdrüssig geworden ist, ist man sich mit einem Klick auch schnell wieder los.

Leider verlernen wir dabei, mit unseren Nächsten aus Fleisch und Blut zu kommunizieren, und auch dann, wenn wir gemeinsam unter einem Dach leben, bleiben wir uns oft fremd. Selbst hier trauen wir einander nicht über den Weg. Wer sagt schon zu seinem Partner: »Ich fühle mich heute so klein und verletzlich. Nimm mich bitte einfach mal in die Arme.« Stattdessen schleudern wir ihm entgegen: »Immer machst du …! Nie hast du ...!« Wer erzählt schon seinen Liebsten von seinen Zweifeln und Ängsten und versucht nicht, sie hinter guter oder schlechter Laune, geschäftigem Treiben oder einer der vielen Masken zu verstecken, die wir so oft aufsetzen, dass wir oft gar nicht mehr spüren, wie sehr sie drücken?

Meistens ist uns selbst nicht klar, wie wir uns eigentlich fühlen und wie es uns gerade wirklich geht. Wie könnten wir auch? Wir sind ja die meiste Zeit durch irgendetwas abgelenkt und damit beschäftigt, möglichst keine Leere entstehen zu lassen. Wer weiß schon, wer er ist, abgesehen von dem, was im Personalausweis oder im Profil der virtuellen Netzwerke steht? Wir sind uns selbst oft fremd. Doch wie könnte ich die anderen erkennen und mich ihnen nahe fühlen, wenn ich mich selbst nicht erkenne und mir nicht nahe bin? Wenn ich nicht einmal weiß, wer ich bin, wie kann ich dann glauben, ich wüsste es von den anderen? Zeigen mir meine Beziehungen dann nicht vor allem, wie nah oder fern ich mir bin? Reflektieren sie nicht das Verhältnis, das wir zu uns selbst haben?

Unsere Begegnungen zeigen uns, wer wir sind. Über sie erkennen wir uns selbst in unserer Ganzheit, denn sie spiegeln nicht nur das, was wir sein wollen, sondern auch das, was wir nicht sein wollen.

Jede Begegnung bringt bestimmte Saiten in uns zum Klingen: Freude, Anspannung, Gereiztheit … Die Gefühle, die die Begegnungen in uns auslösen, waren vorher schon da. Sie waren uns nur nicht bewusst. Kein Einfluss von außen kann etwas in uns zum Schwingen bringen, was nicht existiert. Es sind also nicht die anderen, die uns wütend oder traurig machen; sie berühren lediglich die entsprechenden Saiten in uns. Wenn mich also das Verhalten eines anderen mir gegenüber zum Beispiel wütend macht, dann bedeutet das, dass er die Saite »Wut« in mir berührt. Wenn mich eine Begegnung traurig macht, dann berührt sie die Saite »Trauer«. Im Grunde genommen ist es also gar nicht der andere, der mich »wütend« oder »traurig« macht, er bringt nur die Wut oder die Trauer, die ohnehin schon da sind, in mir in Bewegung. Anstatt also zu sagen: »Du machst mich wütend«, müsste es eigentlich heißen: »Ich spüre, wie du meine Wut berührst«.

Der Unterschied mag auf den ersten Blick vollkommen unbedeutend erscheinen – doch auf den zweiten Blick hängt der Frieden in der Welt davon ab! Denn wenn wir es schaffen, von der Aussage »Du bist schuld«, also von Anklagen, Rechtfertigungen und Schuldzuweisungen zu der Erkenntnis »Ich spüre in mir« zu kommen, dann haben wir einen Meilenstein erreicht, ab dem ein völlig neues Miteinander entstehen kann. Wenn wir diesen Schritt machen, der so winzig klein erscheint und doch gleichzeitig so groß ist, von uns und unseren Gefühlen zu sprechen, anstatt dem anderen unseren Frust um die Ohren zu knallen, dessen Ursache er nicht ist, dann öffnen wir damit nicht nur die Tür zu unserem Inneren, sondern legen gleichzeitig den Grundstein für ein harmonischeres und respektvolleres Leben in der Gemeinschaft.

Wenn nun jemand in uns eine Saite anschlägt, die uns wehtut, dann bedeutet das nichts anderes, als dass wir dieses Unangenehme, Schmerzvolle in uns noch nicht gelöst haben. Denn wenn es so wäre, würde es uns ja gar nicht berühren. Wir regen uns nur über das auf, was auch mit uns zu tun hat. Wenn mich Fußball nicht interessiert, ist es mir schließlich auch egal, ob die gegnerische Mannschaft ein Tor schießt oder nicht. Wenn ich ein positives Bild von mir habe, dann ist es mir gleichgültig, wenn mir jemand sagt, dass ich eine Null bin. Soll er das doch von mir denken. Ich weiß, dass ich nicht so bin, wie er glaubt. Seine Meinung berührt mich nicht wirklich. Wenn es mich jedoch verletzt, dass er schlecht von mir denkt, dann zeigt mir das, dass ich an mir zweifle. Im Grunde spüre ich, dass der andere recht hat: Ich fühle mich tatsächlich wie eine Null, will aber nicht, dass er das sieht. Schließlich tut es mir weh, mich so zu fühlen, und ich will auf keinen Fall, dass man meine Schwäche entdeckt. Wenn also jemand den Finger auf meine Wunde legt, werden sich all meine Wut und Empörung gegen ihn entladen. Alles, was ich insgeheim mir selbst vorwerfe, werfe ich der Einfachheit halber ihm vor die Füße.

Wir neigen seit jeher dazu, das, was wir von uns selbst nicht annehmen können, auf andere zu projizieren. Wir beschuldigen sie genau der Dinge, die wir in uns nicht wahrnehmen können oder wollen. Die Vorwürfe, die wir den anderen machen, spiegeln im Grunde unser eigenes Fehlverhalten. Jedes Urteil will davon ablenken, sich mit den eigenen Schwächen auseinanderzusetzen.

Die Geschichte ist voll von Beispielen, nach denen wir das, was wir nicht haben wollen, auf die anderen projizieren. Wir haben immer versucht, uns über sie reinzuwaschen und uns über sie von unseren eigenen Schwächen zu befreien. Wir haben das Blut der anderen auf Altären, in Kampfarenen und auf öffentlichen Schauplätzen vergossen, um uns selbst so sauber wie möglich zu fühlen: »Der andere muss sühnen. Ich bin noch einmal gut weggekommen.« Wir laden das Übel auf ihn und lassen ihn dann von Löwen zerreißen, auf Scheiterhaufen verbrennen oder im Meer ertrinken. *Er ist es, nicht ich.* Über den kathartischen Akt befreien wir uns zumindest eine kurze Weile von dem Gefühl unserer eigenen Unzulänglichkeit. Doch das Gefühl der Erleichterung hält nicht lange vor und muss erneuert werden – denn im Grunde sind ja gar nicht die anderen das Problem, sondern wir selbst.

Oft mögen wir uns selbst nicht wirklich. Wer wäre schon gerne mit jemandem wie sich auf einer einsamen Insel? Die Launen, die dunklen Gedanken, die Empfindlichkeiten, die Wutausbrüche, die Kleinlichkeiten, die Besserwisserei, die Sturheit, die Meckereien, die Gereiztheit, die Pingeligkeit, die Missgunst, die Lästerei, die Verschlossenheit … Gott bewahre mich davor, mit jemandem wie mir Schiffbruch zu erleiden!

Wir haben diese Eigenschaften alle in uns. Doch gerne geben wir das nicht zu. Wer will schon mit seinen schlechten Seiten auffallen? Selbst an den düstersten Biertischen versuchen die Leute, sich im besten Licht zu zeigen und möglichst intelligent zu erscheinen.

Um von seinen eigenen Schwächen abzulenken, ist es am einfachsten, alle anderen als Idioten zu bezeichnen. Je lauter, desto besser. Doch je mehr wir von uns weisen, dass wir auch sind, was wir nicht sein wollen, desto mehr nerven uns die anderen. Je mehr wir unsere eigenen Schwächen verdrängen, desto stärker nehmen wir die der anderen wahr. Der größte Idiot ist schließlich der, der alle anderen für Idioten hält – wie in der Geschichte von dem Mann, der in ein neues Dorf zieht und einen, den er auf der Straße trifft, fragt: »Wie sind die Leute hier denn so?«

»Wie waren denn die Leute in dem Dorf, aus dem Sie kommen?«, wird er gefragt.

»Alles sture Geizhälse.«

»Genau so«, ist die Antwort, »sind die Menschen hier auch.«

Wir verbringen eine Menge Zeit damit, uns über die anderen aufzuregen. Sie sind wie das Salz unseres Lebens. Dank der anderen haben wir immer ein Gesprächsthema zur Hand. Was würden wir uns langweilen, wenn wir nicht mehr tratschen, lästern, meckern und uns aufregen könnten! Wir wären unseren eigenen Schwächen ausgesetzt und müssten sehen, wie wir mit uns zurechtkommen. Es ist unbequem und unangenehm, dorthin zu schauen, wo es bei uns knatscht und quietscht und nicht rund läuft. Und warum sollte man sich auch mit solchen Sachen beschäftigen? Das Leben ist schließlich auch so schon anstrengend genug!

Doch der Preis für unsere Ignoranz ist hoch. Er misst sich in Einsamkeit, Perspektivlosigkeit und innerer Leere auf der einen Seite und in Gewalt, Ausbeutung und Zerstörung auf der anderen. Das sind die Folgen unserer inneren Distanz, das heißt zwischen dem Bild, das wir von uns vermitteln wollen, und dem Wesen, das wir wirklich in unserem Inneren sind. Je mehr wir als die erscheinen wollen, die wir nicht sind, und je mehr wir uns selbst vormachen, desto größer ist der Schaden, den wir in uns und um uns herum anrichten.

Jemand, der sich gut kennt, der bei sich ist und mit sich selbst im Reinen, kommt nicht auf die Idee, andere für seine Missgeschicke verantwortlich zu machen und sich dadurch selbst aufzuwerten. Er begegnet ihnen mit ebenso viel Respekt und Würde, mit denen er sich selbst begegnet. Er hat überhaupt nicht das Bedürfnis, sich über andere zu erheben, sie zu kritisieren, zu unterdrücken, zu manipulieren oder sich an ihnen zu rächen. Wenn ich mich selbst annehme, so wie ich bin, brauche ich keinen perfekten Körper, keinen Besitz, mit dem ich mich aufwerten kann, keinen Clan, hinter dem ich mich verstecken kann, keine Macht über andere, um mich auf sie zu stützen.

Jemand, der in Einklang mit sich selbst lebt, muss sich nicht andere gefügig machen und sich selbst immer wieder seine vermeintliche Überlegenheit bestätigen. Er muss sich nicht an anderen bereichern, und die Kraft, die er selbst nicht hat, aus ihnen ziehen. Jemand, der wirklich großzügig und offenherzig ist, muss seine Qualitäten nicht an die große Glocke hängen. Er muss sich nicht ständig beweisen, dass er jemand ist, denn er weiß, wer er ist. So sind die größten Tyrannen letztendlich die, die sich am unbedeutendsten fühlen. Sie schaffen es nicht, dorthin zu schauen, wo es sie schmerzt, und kompensieren das Gefühl ihrer eigenen Minderwertigkeit mit Überheblichkeit, Rücksichtslosigkeit, Kälte oder Härte.

Diejenigen, die sich über andere stellen, sind die, die am entferntesten von sich selbst sind. Sie blasen ihr Ego auf und beziehen ihre Lebensenergie über die Angst, die sie vermitteln. Nichts fürchten sie mehr, als dass man sie entlarvt. Sie haben kein Gespür für sich selbst und für andere und damit auch kein Bewusstsein für das, was sie tun. Oft ist ihnen nicht klar, welches Unheil sie anrichten. Die wenigsten fügen anderen absichtlich Schaden zu und die Geschichte ist voll von Leuten, die »das nicht gewollt« haben.

So wie wir. Denn wenn es uns wirklich bewusst wäre, was wir mit unserem Verhalten herbeiführen können, würden wir es dann noch tun? War es den Menschen während des Nationalsozialismus wirklich klar, an welcher Maschinerie sie mitwirkten? Würden wir es anders machen? Sind wir besser als die, auf die wir heute mit dem Finger zeigen? Vernichten nicht auch wir massenhaft Menschenleben, indem wir einfach nur mitmachen oder zuschauen? Doch im Gegensatz zu damals können wir heute nicht mehr sagen: »Das habe ich nicht gewusst.« Wir haben nichts verstanden, solange wir nicht aufstehen und uns eingestehen: »Ja, ich habe das auch mitgemacht. Ich habe das auch mit veranlasst.« Nur dann, wenn wir das, was uns von einer hoch entwickelten Kultur zu Bestien gemacht hat, nicht aus uns ausklammern, können wir uns von unserer Vergangenheit befreien. Wenn wir innerlich annehmen, was wir sein können, auch ohne es zu wollen, müssen nicht immer wieder neue Generationen von Neonazis aufmarschieren und uns daran erinnern.

Nur das, was wir in uns akzeptieren, lässt uns außen in Ruhe. Das Schlimmste, was wir uns und anderen antun können, ist das Ausschließen, das Abtrennen, der Glaube, mit dem anderen nichts zu tun zu haben. Schließlich sind es nicht die Bomben, der Hunger und die Kälte, worunter die Menschen, die heute an die Grenzen Europas drängen, am meisten leiden, sondern die Gleichgültigkeit der Welt gegenüber ihrem Leid. Indem wir den Blick abwenden und so tun, als gingen sie uns nichts an, schlagen wir ihnen direkt ins Gesicht und reißen noch tiefere Wunden als die, die sie ohnehin schon mit sich tragen. Niemand weiß, wo der Ausweg aus dieser katastrophalen Lage liegt. Doch vielleicht können wir zumindest den Mut aufbringen, den Leidenden in die Augen zu sehen. Auch wenn wir dem, der die Hand ausstreckt, vielleicht keine Münze zu geben haben, so können wir ihm doch zumindest den Respekt erweisen, ihn zu grüßen.

Der schlimmste Schmerz wird erträglicher, wenn wir die Solidarität und das Mitgefühl der anderen spüren und wenn eine andere Hand die unsrige hält. Nur dann, wenn wir es schaffen, uns zusammenzuschließen und miteinander zu verbinden, werden wir unsere Probleme dauerhaft lösen können. Wir gehören zusammen. Wir sind aus demselben Stoff, Teile einer Matrix. Was auch immer wir mit den anderen machen, tun wir uns im Grunde selbst an.

Tief in uns spüren wir ja, dass wir miteinander vereint sind – auch wenn wir uns dessen nicht bewusst sind. In uns fließt derselbe Lebenssaft, wirken dieselben Gesetze, bahnt sich dasselbe Licht seinen Weg. Wir sind vereint in unserem Sehnen, in unserem Wunsch nach Geborgenheit, Verbundenheit und Anerkennung. Wir kennen alle den Schmerz, wenn wir sie nicht finden und die Angst vor der Trennung.

Das, was uns im anderen gegenüberzustehen scheint, ist im Grunde der Widerschein einer Verbindung, ohne die wir uns nicht spüren würden. Ohne unsere Begegnungen könnten wir nicht vorankommen. Sie inspirieren uns, sie reizen uns, motivieren uns, stacheln uns an und geben uns Vertrauen. Sie führen uns in unser inneres Dickicht und helfen uns dabei, uns zu »ent-wickeln«: die Schleier zu heben. Sie zeigen uns, was leicht und durchlässig in uns ist und das, was hart und dicht ist und woran wir noch zu arbeiten haben.

Es ist, als poliere man einen Stein: nach und nach wird seine raue Schicht geglättet, bis das Licht sich in ihm reflektieren kann. Die anderen helfen uns, unser Licht zu finden und die Distanz zu uns selbst zu überwinden. Denn alles Übel hat hier seinen Ursprung: in der Entzweiung, in der Spaltung, im *Diabolos*. Die Trennung von anderen, von der Natur, von uns selbst macht uns und die Welt krank. Die Welt wird nicht gesunden können, wenn wir es nicht tun. Nichts wird sich äußerlich zum Besseren wenden, wenn wir es innerlich nicht tun. Das Problem ist die Trennung, die Lösung ist die Einheit. Wir haben dieses Leben dafür, uns zu »ent-decken« und Schicht um Schicht abzutragen von dem, was auf uns lastet und uns hart und verschlossen macht. Wenn wir sie bewusst erleben, ist jede Begegnung, jede Situation eine Gelegenheit, uns transparenter und offener zu machen und die eigenen Widerstände zu überwinden.

> Wir neigen dazu, unsere eigenen Schwächen auf andere zu übertragen, denn es ist einfacher, die dunklen Seiten der anderen wahrzunehmen als seine eigenen. Doch die Gefühle, die die anderen in uns berühren, waren vorher schon da. Unsere Begegnungen bringen sie nur zum Klingen. Über sie können wir erfahren, was wir in uns noch nicht gelöst haben und was in uns nach Aufmerksamkeit ruft. Die anderen helfen uns dabei, uns zu erkennen und zu entwickeln. Wenn wir es schaffen, von Schuldzuweisungen zum Annehmen unserer Schwächen und verletzten Gefühle zu kommen, nähern wir uns nicht nur uns selbst an, sondern leisten ebenfalls einen entscheidenden Beitrag zum Frieden in der Welt.

AUFBRECHEN DER REAKTIONSKETTEN: ENTSCHULDIGEN UND VERZEIHEN

Im Anerkennen der Begrenztheit und Verletzlichkeit – unserer eige-
nen und der der anderen – durchtrennen wir, was uns gefangen hielt.
Wir lösen uns von unseren Erwartungshaltungen und werden in un-
serem Handeln frei, das zu tun, was unserem Wesen entspricht.

In dem verflochtenen Netz aus Gegebenheiten gibt es keinen Anfang und kein Ende, denn es war immer schon etwas da, bevor etwas anderes kam. Keine Situation, die wir erleben, entsteht allein
aus sich heraus, es gibt immer einen Hintergrund, vor dem sich
eine Situation entwickelt. Entsprechend ist unser Handeln in Zusammenhänge eingebettet, in etwas, was uns reagieren lässt. Wir
sind daher alle mehr oder weniger in Ketten aus Reaktionen verwi-
ckelt und handeln oft nicht so, wie es uns eigentlich entspricht
oder richtig für uns wäre. Wir tun das, von dem wir glauben, dass
es die Situation erfordert, und handeln entsprechend der Erwartungen, von denen wir glauben, dass die anderen sie an uns stellen:
»Was wird man jetzt von mir denken?« Unser Handeln ist nicht
frei, sondern die Antizipation oder Wiedergutmachung der Bedürfnisse und Wünsche anderer.

Um auf Nummer sicher zu gehen, warten wir erst einmal ab, wie sich der andere verhält. Wenn es dann ein Problem gibt, war er es zuerst. Wir *reagieren* nur auf das Verhalten des anderen. Er hat diese Situation herbeigeführt, er hat angefangen – nicht ich. Er hat mich aus heiterem Himmel angegriffen, während ich still und lächelnd auf dem Sofa saß. Ich bin felsenfest davon überzeugt, nichts getan zu haben, was zu seinem Handeln geführt haben kann. Damit habe ich nichts zu tun.

Das Recht ist also ganz auf meiner Seite. Verletzt zieht sich das Unschuldslämmchen hinter seinen Gartenzaun zurück oder verwandelt sich in einen stolzen Hahn, der es über alle Dächer kräht: »Du hast mir Unrecht getan!« Wie eine Fahne weht meine Verletzung vom höchsten Turm der Festung, die ich um mich herum errichtet habe, damit alle sie erblicken können: »Seht her, was man mir angetan hat!«

Wir haben grundsätzlich drei Möglichkeiten zu reagieren, wenn wir uns angegriffen fühlen: fliehen, tot stellen oder ebenfalls angreifen. So tun wir es immer schon und so ist es in jenem Teil unseres Gehirns verankert, der uns mit unseren Vorfahren, den Reptilien verbindet. Unterwerfen oder zurückschlagen? »Das lasse ich mir nicht gefallen!« Doch Auge um Auge und Zahn um Zahn machen uns vor allem blind und zahnlos und eigentlich haben wir doch eher Lust dazu, gut auszusehen und den anderen lieber angenehm zu sein als unangenehm. Zumindest geben wir viel Geld dafür aus. Doch was macht uns in Konfliktsituationen zu geifernden Furien? Wenn wir uns angegriffen fühlen und Gift und Galle spucken, scheint es uns plötzlich egal zu sein, dass der andere uns nicht mehr als besonders anziehend empfindet. Wir sind enttäuscht von ihm, und das rechtfertigt alle Mittel. Wir geben ihm das zurück, was er uns angetan hat, damit er endlich versteht, was er angerichtet hat. »Nach allem, was *ich* für *dich* getan habe, tust du mir *das* an!« Das reicht aus, unser Bestes in den schwärzesten Tiefen von Zorn und Bitterkeit zu vergraben.

Was wäre die Verletzung ohne die Enttäuschung? Wenn wir nicht der Illusion aufgesessen wären, dass der andere so ist, wie wir ihn uns vorgestellt haben – würden wir uns dann auch in ein feuerspeiendes Ungetüm oder ein kümmerliches Opferlamm verwandeln? Ist es nicht vor allem unser eigener Irrtum, der zu der Verletzung geführt hat? Und selbst dann, wenn der andere versucht hat, uns zu täuschen, haben wir trotzdem nicht richtig hingesehen und sein Verhalten durch unsere Erwartungen verklärt wahrgenommen.

Dann liegt es also an uns, dass wir den anderen oder die Situation nicht richtig erkannt haben? Waren wir nicht aufmerksam genug, weil wir zu sehr mit etwas anderem beschäftigt waren? Vielleicht mit Dingen, von denen wir glaubten, dass der andere sie von uns erwartet? Haben wir sie aus Pflichtgefühl ihm zuliebe gemacht oder um ihm zu gefallen? Haben wir uns dafür angestrengt, vor ihm gut dazustehen, in der Hoffnung, dass er uns dann auch etwas gibt? Und wenn er das alles nun gar nicht anerkennt, wenn er gar nicht sieht, wie oft wir uns für ihn krumm gemacht, eingeschränkt und zurückgenommen haben, dann hätten wir ja auch gleich das machen können, was uns gefällt, ohne ständig daran zu denken, was das für Konsequenzen für ihn haben könnte! Was waren wir blöd, uns solche Mühe für etwas zu geben, was uns nichts als Undankbarkeit eingebracht hat! Wir hätten frei sein und tun können, was uns entspricht, wozu wir Lust haben! Und wenn wir das von Anfang an gemacht hätten? Dann wären wir jetzt nicht enttäuscht, hätten kein Problem und würden uns nicht den Tag mit Grollen und Schmollen verderben.

Tun und lassen, was einem entspricht – wenn das jeder machen würde? Wenn alle das täten, woran sie wirklich Freude haben, gäbe es dann Konflikte, Kriege und Zerstörung? Wäre dann nicht jeder zufrieden und glücklich mit seinem Leben? Kommt nicht unsere Unzufriedenheit gerade daher, dass wir glauben, uns für die anderen verbiegen zu müssen? Haben wir unsere Freude in Pflichtübungen oder Manipulationsspielchen begraben, um den anderen zu gefallen oder ihnen zu imponieren? Seit unserer Kindheit glauben wir ja, nicht richtig zu sein, so wie wir sind, und sperren unsere natürliche Freude hinter Mahnungen, Warnungen und strengen Blicken ein: »Lach nicht so albern«, »Los, beeil dich, die Blumen kannst du dir später angucken«, »Sei vor allem deinen Eltern eine Freude«, »Aus dir soll mal was Anständiges werden«, »Freu dich nicht zu früh!«

Wer kann da noch unbeschwert lachen oder ausgelassene Luftsprünge machen? Unsere Freude verkümmert hinter einer dicken Schicht aus Konventionen. Oft haben wir den Bezug zu ihr verloren. Leben ist schließlich kein Kinderspiel. Wir sind hier, um Erfolg zu haben – so viel, dass wir uns schließlich selbst erfolgreich vernichten. Kein Wunder, dass wir nicht mehr das tun, was uns wirklich gefällt.

Wann hat uns das letzte Mal vor Schönheit der Atem gestockt? Wann fühlen wir uns noch zutiefst von etwas berührt oder wie in eine andere Welt transportiert? Wann spüren wir es noch in unserem Körper prickeln und vor Leben vibrieren? Wann haben wir uns das letzte Mal von einer Musik emportragen, von einem Wort entführen oder einem Kunstwerk tief im Herzen berühren lassen? Welchen Platz haben die Kunst, die Musik oder die Natur in unserem Leben? All diese kleinen Dinge, die uns überall und jederzeit zur Verfügung stehen, wenn wir nur die Augen aufmachen? Oder haben wir unsere Antennen dafür abgebrochen und die

Freude tief in uns eingeschlossen wie einen kostbaren, vergessenen Funken?

Haben wir es mit unseren vielen Sicherheitsvorkehrungen geschafft, nicht nur das Bedrohliche, sondern auch das Schöne nicht mehr an uns heranzulassen? Vielleicht sind wir so damit beschäftigt, uns vor allen möglichen Gefahren und potenziellen Angriffen zu schützen, dass wir gar nicht mehr sehen, wenn man uns im Grunde nichts Böses will? Vielleicht sehen wir durch die schmalen Schlitze unserer Rüstung gar nicht mehr, wenn man uns Blumen bringt? Wenn wir es von vornherein gar nicht zulassen, dass man auch gut zu uns sein kann, können sich die anderen noch so anstrengen, in unsere Festung zu gelangen. Wir werden immer den Angreifer in ihnen sehen. Und so bekommen wir auch immer wieder das, was wir insgeheim erwarten. »Ich habe es ja gleich gewusst, dass man niemandem über den Weg trauen kann. Es war ja klar, dass das schiefgehen wird.« Wie könnte unser Herz in den Krallen dieses Misstrauens noch fröhlich schlagen? Wie könnten wir Unbeschwertheit und Leichtigkeit in so schwerer Rüstung empfinden?

Die Freude hat uns nicht verlassen. Doch ohne Öffnung und ohne Berührung können wir sie nicht in uns spüren. Es braucht Zeit und es ist Arbeit, die schweren Schlösser aufzuschließen. Den Schlüssel dazu finden wir in den Augen des anderen. Wenn wir aufhören, um uns selbst zu kreisen, unser »Ich bin so verletzt!« einen Moment lang verhallen lassen und unseren Blick heben, dann sehen wir vielleicht, dass der andere auch verwundet ist. So wie er in mir eine empfindliche Stelle berührt hat, habe auch ich vielleicht den Finger auf eine seiner Wunden gelegt. Es war mir nur gar nicht klar. Ich bin ganz erstaunt, dass ein dahingesagtes Wort oder eine achtlos ausgeführte Tat zu so übertriebenen Reaktionen bei ihm führt. »Was stellt der sich so an? Wie kann man so empfindlich sein?« Was mache ich nun? Versuche ich, ihm genau zu begründen, warum ich wie gehandelt habe, und ihm zu erklären, dass ich ihm wirklich nicht wehtun wollte? Damit bin ich aber wieder nur bei mir und kreise vor allem um mich selbst. Und dem anderen hilft meine Einsicht nicht, weil er sich in seinem Schmerz weiterhin nicht anerkannt fühlt.

Es gibt nur einen Weg zueinander, eine schmale Brücke, ein Nadelöhr, durch das wir hindurchmüssen, wenn wir eine wirkliche Verbindung zum anderen aufbauen wollen: die Bitte um Verzeihung. Dabei geht es nicht darum, sich klein zu machen und dem anderen zu signalisieren: »Du hast alles richtig gemacht und ich alles falsch.« Es ist keine Selbstgeißelung, denn damit würden wir uns wieder einmal nur um uns selbst drehen. Ein Versinken in Schuldgefühlen ist vor allem eine Form der Selbstüberschätzung. Glauben wir denn, so viel Macht über den anderen zu haben? Wir haben in ihm etwas berührt, was schon vorher da war. Es liegt in seiner Verantwortung, damit umzugehen, nicht in unserer. Wir können ihm die Arbeit an sich selbst nicht abnehmen.

Wir können den anderen weder verändern noch retten, egal, was wir tun und wie sehr wir uns auch anstrengen. Wir können ihm vielleicht die Dinge leichter oder schwerer machen – doch nicht an seiner Stelle tragen. Jeder kann nur sich selbst retten und ist für sein Heil verantwortlich. Der beste Lehrer kann nichts tun, wenn sein Schüler nichts von ihm annimmt, der beste Arzt ist machtlos, wenn der Patient nicht beschließt, gesund zu werden, und der beste Freund kann uns nicht daran hindern, uns von der Brücke zu stürzen, wenn wir es so beschlossen haben. Unser Einfluss endet bei der Kraft der Entscheidung des anderen.

Echtes Verzeihen ist weder ein Akt der Erniedrigung noch der Überheblichkeit, mit dem wir uns über den anderen erheben: »Seht her, wie edel und gut ich bin, diesem armen Sünder noch einmal eine Chance zu geben.« Es gehört nicht in meinen Wirkungsbereich, anderen Absolution zu erteilen. Wer bin ich denn, zu meinen, ich könnte über Schuld oder Unschuld richten? Was weiß ich denn von Recht und Unrecht? Ich habe doch überhaupt keine Ahnung von den wahren Hintergründen und Zusammenhängen! Wenn jemand durch sein Handeln Schuld auf sich geladen hat und mich dafür um Verzeihung bittet, dann bleibt mir nur, diese Bitte anzunehmen oder nicht. Mehr liegt nicht in meiner Macht.

Jemandem zu vergeben ist ein Austausch von Gleich zu Gleich, ein bewusster Akt des Teilens, der die Reaktionsketten durchbricht. Er bedeutet: Ich sehe dich. Ich nehme dich in deinem Leid wahr, ohne mein eigenes Leid in den Vordergrund zu stellen. Damit unterbrechen wir den Kreislauf der Reaktionen und fangen etwas Neues an. Wir befreien uns von unseren Fesseln, wenn wir verzeihen. Vor allem jedoch werden wir frei, wenn wir selbst um Verzeihung bitten. Es ist der höchste Akt, zu dem wir fähig sind, denn er bedeutet, dass wir uns, ganz gleich was war, vor dem anderen verneigen und seine Würde anerkennen. Vielleicht verstehen wir nicht, was ihn überhaupt so verletzt hat. Doch das ist eigentlich auch unwichtig. Entscheidend ist, *dass* ihn etwas verletzt hat. »Ich sehe, dass du durch mich leidest. Es tut mir leid. Ich teile dein Leid.« Sich vor dem anderen zu verbeugen ist ein Akt der Demut und Größe zugleich.

Probieren wir es aus. Wie würde ich zum Beispiel reagieren, wenn ich gerade an jemandem herummeckere und der sagt so etwas wie: »Es tut mir ehrlich leid, dass ich dich verletzt habe. Ich fühle mich jetzt selbst ganz durcheinander und verunsichert. Können wir zusammen eine Lösung finden?« Mache ich dann weiter? Er hat ja schon gesagt, dass er sich ganz verunsichert fühlt. Poche ich weiter auf mein Recht? Er hat sich ja bereits entschuldigt.

Außerdem schlägt er mir genau das vor, wofür ich bereit war, stunden- oder tagelang beleidigt zu sein: mit mir zusammen eine Lösung zu finden. Wie wäre es anders herum? Wenn ich, anstatt blitzschnell meine ganze Artillerie vor mir aufzubauen, um meine guten Absichten zu verteidigen, mich weich und ungeschützt zeige. Ich habe vielleicht keine Ahnung, was da zwischen uns steht, aber es geht hier nicht um einen Wettbewerb, wer sich am besten rechtfertigen kann, sondern um die Lösung eines Problems. Anstatt also mein übliches »Du hast aber« und »Ich wollte doch nur« aufzutischen, probiere ich aus, was passiert, wenn ich einmal nicht meine Säbel wetze und mich einfach nur ganz ehrlich entschuldige. Ich kann nicht vorhersehen, was der andere dann macht, und ob er mir weiterhin noch etwas übel nimmt, doch was mich betrifft, so habe ich mich von einer Last befreit und werde mit ziemlicher Sicherheit die nächsten Stunden, Tage oder Wochen nicht damit verbringen, nachts grübelnd wach zu liegen und tagsüber andere damit zu strapazieren, mir recht geben zu müssen.

Wir werden immer angreifbar und verletzbar bleiben. Die Begegnungen mit anderen werden immer auch Schmerzhaftes in uns berühren. Sie setzen uns in Bewegung, sie bringen uns zum Vibrieren. Ohne Emotionen, ohne diese Energie in Bewegung, könnten wir nicht sein, denn Stillstand bedeutet schließlich Tod.

Die anderen werden uns nie unsere Bedürfnisse und Wünsche von den Augen ablesen und uns auf Sänften durchs Leben tragen. Ganz sicher und trotz aller Bemühungen und Aufmerksamkeiten werden auch wir immer wieder verletzen. Es ist gar nicht möglich, auch nur einen Schritt zu tun, ohne das Leben unter seinen Füßen zu zermalmen. Was für den einen Vorankommen bedeutet, ist für den anderen Stillstand. Was wir auf der einen Seite zerstören, bringt uns auf der anderen voran. Die anderen machen uns darauf aufmerksam, wenn wir es damit übertrieben haben. Sie zeigen uns, wann das Gleichgewicht gestört ist. Nicht mehr und nicht weniger.

Es ist an uns, dieses Gleichgewicht wiederherzustellen, in unserem Sinne und im Sinne des Gefüges, in dem wir leben. Wenn wir nun aufhören, unsere Zeit mit Antizipieren und Nachtragen zu verbringen, und einen kleinen Schritt zur Seite tun – dann sind diese unsere Weggefährten zwar immer noch da, aber wir sehen einfach besser, was sonst noch um uns herum los ist und haben die Hände frei für etwas anderes.

Wir können endlich so handeln, wie es uns gefällt, im Einklang mit unserem Wesen, unseren Bedürfnissen und Wünschen. Wir sind nicht mehr damit beschäftigt, uns Gedanken darüber zu machen, was alles vorher war und wie dieses oder jenes wohl auf andere wirken könnte, sondern können entsprechend dem handeln, was gerade für uns anliegt, unabhängig davon, ob uns gerade jemand beleidigt oder die Vorfahrt genommen hat. Wir tun das, was wir zu tun haben – ohne Bedingungen zu stellen, ohne Erwartungen daran zu knüpfen und ohne ein bestimmtes Resultat zu erwarten. Wir tun die Dinge einfach so, weil sie uns gefallen – und nicht, weil wir uns wünschen, dass man uns dafür besonders toll oder clever findet und es uns möglichst mit gleicher Münze heimzahlt. Wir können endlich stundenlang einfach so für andere kochen, weil es uns Spaß macht, oder sie hierhin und dorthin fahren, weil wir uns gerne die Landschaft ansehen oder mit ihnen zusammen sind. Und wenn es uns dann keine Freude mehr macht, hören wir damit auf und verhandeln neu. Als in Freiheit lebende und nicht entmündigte erwachsene Menschen können wir immer frei entscheiden, was wir tun und was nicht – auch wenn es bisweilen unbequem, schwierig oder sogar schmerzhaft ist, wie in der Geschichte von dem Weisen, der versucht, einen Skorpion aus einer Pfütze zu befreien. Jedes Mal, wenn er den Skorpion in der Hand hält, wird er von ihm gestochen und lässt ihn wieder fallen. Sein Schüler sieht das und fragt ihn, warum er sich immer wieder stechen lässt. »Es liegt in meiner Natur, zu helfen«, antwortet der Weise.

Das zu tun, was in unserer Natur liegt und unserem Wesen entspricht, ist kein auf Rosen gebetteter Weg, doch er befreit uns von Vergeltungsgelüsten, Rachegefühlen und Hass. Wir handeln entsprechend dem Größten in uns, so wie jener junge Mann, der seine Frau bei den Attentaten in Paris verloren hat. In einem offenen Brief an die Terroristen schreibt er, dass sie nicht auch noch seinen Hass und seine Menschlichkeit bekommen werden.

Sicher gibt es Dinge, die nicht zu entschuldigen und nicht wiedergutzumachen sind – doch sind sie ein Grund, ihnen unser Bestes zu opfern? Was geschehen ist, ist nicht zu ändern; keine Rache bringt uns jemals das wieder, was wir verloren haben. Wir werden früher oder später mit unserer Leere leben müssen. Lassen wir die Trauer, die Wut, die Ohnmacht und die Verzweiflung durch diese Leere hindurchziehen und halten wir es aus, so wie es ist. Minute um Minute zunächst, dann Stunde um Stunde, Tag um Tag, Woche um Woche – bis früher oder später, doch ganz bestimmt etwas Neues kommt, das uns tröstet und wieder dahin führt, wo alles Leben auf natürliche Weise immer wieder hingeht: ins Licht.

Oft agieren wir nicht frei nach unseren Bedürfnissen, Wünschen und Neigungen, sondern verhalten uns so, wie wir glauben, dass es von uns erwartet wird. Unsere Reaktionen basieren auf Vermutungen, Erwartungen, alten Mustern und Verletzungen. Der Akt des Verzeihens durchbricht den Teufelskreis der Reaktionen. Über die Bitte um Verzeihung erfahren wir uns in dem Höchsten, zu dem wir als Menschen fähig sind: die Empfänglichkeit für die Verletzbarkeit des anderen.

DAS VERGESSENE
INNERE KIND
ANERKENNEN

Wir kommen nun dort an, wo es vermeintlich nicht mehr weitergeht.
Auf unserem Weg in unsere Innenwelt stehen wir da, wo es am dun-
kelsten scheint. Hier lernen wir, das Kind in uns zu umarmen und
Frieden mit unserem Wesen zu schließen.

Eine weitere Etappe ist durchschritten. Die Schilde und Waffen sind
gesenkt. Das Tor unserer inneren Festung hat sich geöffnet. Wir stehen wie vor einem dunklen Gang. Wenn wir in das Dunkle, Unbekannte in uns hineinhorchen, hören wir vielleicht Kettengerassel,
Geheule und Getöse. Es ist keine amüsante Landpartie, die uns hier
erwartet. Doch bleibt uns etwas anderes übrig, als weiterzuforschen
und hinzuschauen, was sich da in uns verbirgt, hinter all den
Schichten, Masken, Schleiern und rauen Schalen? Nun sind wir
schon so weit gekommen, können wir jetzt noch kehrtmachen?

Der beängstigende Hauch, der uns entgegenweht, zeigt uns,
dass wir vielleicht gar nicht mehr so weit entfernt sind von diesem
unbekannten Wesen, das in uns wohnt. Und auch wenn es bedrohlich klingt, ist es nicht an der Zeit, endlich mit ihm Bekanntschaft
zu machen? Vielleicht ist es gar nicht so gefährlich, wie wir be-

fürchten? Muss sich nicht alles Dunkle der Nacht letztlich vor dem Licht des Tages beugen und sich darin auflösen?

Schicken wir also unsere Dämonen ins Licht wie die Vampire in die Sonne. Durchqueren wir diesen dunklen unbekannten Raum und lassen ihn hinter uns – denn man kann doch nur das hinter sich lassen, was man vorher auch betreten hat. Leben wir einen Moment mit der Angst und schauen sie uns in der Gewissheit an, dass sie irgendwann von ganz allein vergehen wird, wie in der Geschichte von dem Mann, der eine Nacht in einer einsamen Hütte verbringt. Kurz bevor das Tageslicht verschwindet, erblickt er in der Ecke des einzigen Raumes eine zusammengerollte Schlange, deren Biss ihn augenblicklich töten kann. Er hat nichts, um sie zu erlegen, und kein Licht, um die Gefahr im Blick zu behalten. Bis zum nächsten Morgen wird er hier ausharren müssen. Er versucht alles Mögliche, um sich zu beruhigen: Er spricht sich Mut zu, mahnt sich zur Stärke, schilt sich einen Angsthasen, wirft sich vor, in dieser Hütte zu sein und nicht bequem zu Hause in seinem Bett. Nichts davon hilft und seine Angst wird immer stärker. Als er spürt, dass alles Fluchen, Klagen und Kämpfen nichts nützt, ergibt er sich. Er akzeptiert es, eine Weile mit seiner Angst zu leben. Als er am nächsten Morgen aufwacht, ist die Schlange fort und mit ihr seine Angst. In dem Moment, in dem er sie akzeptiert hat, konnte sie verschwinden.

So gewappnet sind wir bereit, uns noch weiter in unser Inneres vorzuwagen. Die Passage vor uns ist eng und dunkel. Dort, wo es am allerdunkelsten ist, wo gar kein Licht mehr hinkommt, wo es nicht mehr weiterzugehen scheint, wartet jemand auf uns. Es ist eine Kraft, die uns bei der Hand nimmt. Keine behaarte Pranke, keine Teufelsklaue, keine spitze Kralle – sondern die zarte Hand eines Kindes. Es die Hand des Kindes, das wir einmal waren. Dieses Kind, das wir vor so langer Zeit schon verlassen haben, wohnt immer noch in uns. Dieses innere Kind, dem wir immer wieder über den Mund fahren, wenn es sich meldet. Das verletzte, weinende Kind, das nach Aufmerksamkeit rufende Kind, dessen Stimme wir unser ganzes Leben versuchen zu ignorieren und dessen Klagen wir dadurch zu übertönen versuchen, indem wir uns so darstellen, wie wir glauben, dass wir es sollen – entsprechend der Erwartungen, die auf diesem Kind lasten.

Wir haben alle gelernt, uns zu verbiegen. Wir alle wollten unseren Eltern gefallen und ihren Ansprüchen gerecht werden. Wir haben alles getan, um ihre Zuneigung zu bekommen, denn sie war für uns überlebenswichtig. Doch wem von uns wurde als kleiner Mensch vermittelt, dass er genau so richtig und wunderbar ist, wie er auf die Welt gekommen ist? Wer wurde nicht gerügt oder zur Seite geschoben, wenn er seinen Wünschen und Bedürfnissen auf seine Weise Ausdruck verlieh?

Das Kind, das wir einmal waren, ist groß geworden – doch es ruft ein Leben lang nach Aufmerksamkeit. Es braucht Liebe und Wärme und will in den Arm genommen werden. Wenn es zurückgewiesen und barsch behandelt wird, kann es nicht zur Ruhe kommen. Dann weint es, wird vielleicht wütend oder mit der Zeit apathisch. Nichts kann es trösten: kein Spielzeug, keine andere Verbindung als die, die es so verzweifelt sucht: unsere Liebe.

Das Kind in unserem Inneren hält die Saiten unserer Gefühle fest in seiner Hand. Wir können sie nicht durchtrennen oder entfernen. Doch wenn wir uns mit dem Kind in uns zusammentun, können wir bestimmen, wie wir darauf spielen.[12]

---

12 Die hawaiische Tradition Ho'oponopono, ein altes Versöhnungs- und Vergebungsritual, misst dem inneren Kind eine besondere Bedeutung bei. Es bedeutet »in Ordnung bringen«. Jeder Auflösungsprozess beginnt bei ihm. Nur indem wir das Kind achten, können sich Blockaden lösen und Harmonie eintreten. Die Heilerin Morrnah Simeona hat die alte Tradition auf die heutige Zeit übertragen.

Immer wieder ruft es uns zu: »Hier bin ich, nimm mich doch wahr!« Es schreit, stampft mit den Füßen, knallt Türen, schmollt, zickt, weint – und will doch nichts weiter, als von uns wahrgenommen zu werden. Damit wir uns weiterentwickeln können, müssen wir uns diesem Kind zuwenden. Die Liebe und Anerkennung, die wir außen und bei anderen suchen, können es vielleicht eine Zeit lang ablenken und beruhigen, aber es wird immer wieder nach unserer Aufmerksamkeit rufen, bis wir selbst zu ihm in das Verlies steigen, in dem wir es eingesperrt halten. Dieses Kind braucht unsere Liebe. Niemand anderes kann ihm geben, was es von uns will.

Verunsichert sehen wir es an. Wir sind nun ganz allein mit ihm und können niemand anderen beauftragen: »Mach du das mal. Du kennst dich besser mit Kindern aus.« Hilflos stehen wir vor ihm. Vielleicht versteckt es sich vor uns. Vielleicht kauert es sich in einer Ecke zusammen. Vielleicht weint es oder weist uns zurück. Am besten sprechen wir sanft mit ihm, nennen seinen Namen, strecken die Hand nach ihm aus, alles ganz vorsichtig, um es nicht zu erschrecken. Es will gezähmt und nicht erobert werden. Es will vertrauen.

Die Annäherung an das innere Kind ist ein langer Prozess. Viel zu lange haben wir es allein gelassen, ohne uns darüber bewusst zu sein. Immer, wenn wir uns selbst schelten, zu dick oder zu dünn, zu klein oder zu groß, zu schnell oder zu langsam zu sein, immer wenn wir mit einem unserer Wesenszüge nicht einverstanden sind, verletzen wir das Kind in uns. Wir strafen es mit Ignoranz oder mit Vorwürfen, nicht gut genug zu sein so, wie es ist. Wir benutzen andere Menschen oder Situationen dazu, das Kind in uns zu erniedrigen: »Du bist zu nichts nutze. Du bist den anderen eine Last. Du verdienst es nicht, geliebt zu werden.«

Immer dann, wenn wir uns klein, verloren und nichtig fühlen, ist das ein Zeichen dafür, dass wir das Kind in uns vernachlässigen.

Alles Leid, was wir heute empfinden, ist sein verzweifelter Ruf, uns endlich so anzunehmen, wie wir sind: perfekt. Gibt es in der Natur einen Grashalm, der nicht perfekt ist so, wie er ist? Eine Blume, die man erst zurechtziehen muss, damit sie vernünftig wächst? Wenn wir uns die Dinge zunutze machen wollen, versuchen wir oft, sie zu verbiegen und ihnen unsere Vorstellungen aufzupfropfen. Doch das bedeutet nicht, dass sie vorher nicht gut waren so, wie sie sind. Natürlich gibt es immer wieder Beulen oder Risse da, wo wir sie nicht schön oder nicht angebracht finden. Doch macht uns das weniger perfekt? Aus jeder vermeintlichen Missbildung kann Schönes und Großes entstehen, wie in der Geschichte von der alten Frau, die in zwei Krügen Wasser auf ihr Feld trägt. Einer ist intakt, der andere hat einen Riss. Jedes Mal, wenn er auf dem Feld ankommt, ist die Hälfte des Wassers bereits ausgelaufen. Über sich selbst unzufrieden, nimmt er seinen Mut zusammen und sagt schließlich zu seiner Trägerin: »So sortiere mich doch aus, ich bin ja zu nichts nütze.« Die alte Frau erwidert: »Siehst du nicht die Blumen am Wegesrand? Sie stehen nur an deiner Seite und konnten wachsen, weil du sie gewässert hast.«

Wenn wir uns darüber bewusst werden, dass unsere Risse nichts damit zu tun haben, dass wir nicht richtig sind, wie wir sind, kommt früher oder später der Moment, in dem wir das Kind, das wir waren, in die Arme nehmen dürfen. Ganz sicher. Schließlich will es nur das. Dann können wir ihm sagen, wie leid es uns tut, nicht schon eher auf sein Rufen gehört zu haben. Wir können es um Verzeihung bitten, es so lange allein gelassen zu haben. Wir können ihm sagen, wie lieb wir es haben und wie wichtig es für uns ist, dass es ihm gut geht und dass es tun kann, was alle Kinder sich wünschen: lachen, spielen, singen, tanzen, bauen, rennen, springen, ausprobieren, entdecken. Schauen wir ihm dabei zu. Lassen wir es endlich frei!

Sicher wird es sich ab und zu verletzen, es wird stürzen, weinen und wütend sein oder Angst haben. Wie jedes Kind. Wenn wir es dann nicht rügen oder ihm sagen, dass es sich doch nur anstellt, sondern es einfach nur trösten, dann wird schnell wieder alles in Ordnung sein.

Das spielende, fröhliche Kind steckt uns mit seiner Freude an. Es ist gar nicht wichtig, ob es sich schmutzig macht oder sich die Hosen zerreißt, wie es aussieht oder ob es alles richtig macht. Es geht ihm gut, das allein ist entscheidend. Der Bann ist gebrochen, das Eis geschmolzen, die Distanz zwischen der Person, die wir sein wollen, und dem authentischen und einzigartigen Wesen, das wir sind, überwunden. Ab jetzt wird sich in uns etwas Neues entwickeln und zum Vorschein kommen können. Indem wir endlich das Kleine, Schwache und Hilflose in uns umarmen, wird sich auch unsere Stärke offenbaren können. Nur wenn wir das anerkennen, was wir nicht sein wollen, kommt auch das zum Vorschein, was wir sein wollen. Wenn wir endlich das in uns annehmen, was wir versuchen zu unterdrücken, geschieht das Unerwartete: Das Große, Helle, Strahlende kann zum Vorschein kommen.

In uns allen wohnen das jeweils Beste und das jeweils Schlechteste gleichzeitig. Wenn wir das eine ausschließen, kann auch das andere nicht zum Wirken kommen. Können wir uns das eingestehen? »Ja, ich kann leichtsinnig sein, ungeduldig, unaufmerksam, hart, neidisch, ungerecht, eifersüchtig, egoistisch, geizig – nur wenn ich meine dunkle Seite annehme, kann ich auch weich sein, großherzig und offen.«

Welche Seite schließlich die Oberhand gewinnt, hängt davon ab, welche ich nähre, wie in der Geschichte von dem schwarzen und dem weißen Wolf: Ein Großvater erzählt seinem Enkel, dass in jedem von uns zwei Wölfe leben: ein schwarzer, hartherziger Wolf, der alles reißt, was ihm in die Klauen kommt, und ein weißer, gutherziger Wolf, der nicht mehr frisst, als er braucht, und das teilt, was er hat. »Und welcher gewinnt?«, fragt der Enkel. Und der Großvater antwortet: »Derjenige, den du ernährst.«

Es liegt an uns, welcher Seite in uns wir den Vorrang geben und wohin wir uns orientieren. Die Energie folgt der Aufmerksamkeit. Sie wird sich in der Richtung entfalten, die wir ihr geben.

In jedem von uns wohnt noch das Kind, das wir einmal waren. Bei ihm laufen die Saiten unserer Gefühle zusammen. Nur wenn wir dieses Kind achten, finden wir Frieden in uns selbst und können uns in unserer Ganzheit entfalten. Indem wir das Kleine und Schwache in uns annehmen, können auch unsere Größe und Stärke zum Vorschein kommen.

ALLUMFASSENDES GLÜCK IM ERLEBEN DES AUGENBLICKS

Im Bewusstsein unserer Stärken und Schwächen, unserer Begrenztheit und Größe, begreifen wir, dass wir das eine nicht ohne das andere bekommen können. Indem wir lernen, alles, was uns im Leben begegnet, gleichermaßen zu empfangen, öffnen wir uns für eine tiefe, innere Harmonie, die letztendlich unabhängig von dem ist, was geschieht.

Das Nadelöhr ist durchschritten. Bei unserem inneren Kind können wir finden, was wir suchen: Freude, Geborgenheit, Frieden … Glück? Was ist das eigentlich? Was ist das, wonach alle suchen? Was macht uns glücklich?

Für das Kind ist die Antwort ganz einfach, vielleicht versteht es nicht einmal unsere Frage und sieht uns verständnislos an. Es ist glücklich, wenn es herumtollen kann, gerade etwas Neues entdeckt oder Eis isst. Bei uns ist das etwas schwieriger. Gibt es eigentlich wirklich glückliche Erwachsene? Menschen, denen alles gut von der Hand geht, die alles haben, was sie sich wünschen, die niemals an sich zweifeln, die niemand sitzen lässt, die niemals krank sind, keine Misserfolge haben, keinen Kummer kennen? Natürlich gibt es das nicht. Und viele von denen, deren Glück wir von außen gesehen für perfekt halten, machen heimlich eine Schönheitsoperation oder Entziehungskur nach der anderen. Selbst im Land der Liebe, der Gastronomie, der Eleganz und des Savoir-vivre nehmen die Menschen mehr Psychopharmaka als anderswo auf der Welt, um mit ihrem Leben zurechtzukommen.

Dann gibt es das perfekte Glück also gar nicht? Sind wir denn nur auf der Welt, um einer Karotte hinterherzulaufen? Wir können uns zwar das Paradies vorstellen, kommen aber niemals wieder hinein? Gibt es nicht wenigstens ein paar Privilegierte? Wir trösten uns mit den Stars des öffentlichen Lebens. Sie repräsentieren die Sterne, nach denen wir greifen. Doch hat Glück etwas mit den Dingen zu tun, denen wir unser Leben lang hinterherlaufen und für die wir bereit sind, ganze Vermögen zu investieren?

Kleider und Autos machen glücklich. Oder doch wenigstens sehr zufrieden. Aber meistens hält das nur so lange vor, bis wir uns daran gewöhnt haben, dann brauchen wir Nachschub. Wir wollen immer mehr davon und brauchen immer größeren Input, um noch ein Gefühl von Zufriedenheit oder zumindest Genugtuung empfinden zu können. Wir kaufen Unmengen von Glücksbringern und sind selbst dann noch unersättlich, wenn wir bereits ein Vielfaches von dem besitzen, was wir und unsere Familien für viele Generationen brauchen. Denn nichts kann unseren Appetit stillen, wenn wir innerlich leer sind.

Wir wissen es – und fallen doch immer wieder darauf herein: Glück kann man nicht besitzen. Es hat nichts mit Haben zu tun und auch nichts mit Vergnügen, Amüsement, Ablenkung oder Zeitvertreib. Während die einen uns an sich binden und wir immer mehr davon wollen, ohne jemals so recht satt zu werden, macht uns Glück frei. Es lässt sich nicht fassen und nicht festhalten. Es entgleitet uns, sobald wir die Hand danach ausstrecken. Es huscht vorüber, und oft erkennt man es erst, wenn es die Tür hinter sich zuschlägt. Es ist unbeständig und unberechenbar. Es kommt zu uns, wenn wir nicht damit rechnen, und lässt auf sich warten, wenn wir uns danach verzehren. Und wenn es dann einmal da ist, geht es meistens so schnell wieder vorüber wie ein lang ersehnter Weihnachtsabend. Uns bleiben die Geschenke und die Erinnerung, doch die Magie des Augenblicks ist vorbei.

Wir können uns die Momente vergangenen Glücks immer wieder in Gedanken rufen – doch wir werden es nie wieder so erleben, wie es in jenem einzigen Moment war. So haftet dem Glück immer auch etwas Wehmütiges an, wie in dem traurig-schönen Weihnachtsmärchen vom Tannenbaum von Hans Christian Andersen, in dem der Tannenbaum am Ende erkennt: »Vorbei, vorbei. Hätte ich mich doch gefreut, als ich es noch konnte.« Verbringen wir nicht wie der kleine Tannenbaum unser Leben damit, unserem zukünftigen Glück hinterherzulaufen und vergangenes Glück zu betrauern?

Und wenn wir unser Glück aus der Vergangenheit oder der Zukunft hier in die Gegenwart holen? Jetzt sofort, in diesem Augenblick. Sind wir in diesem Moment wirklich da? Spüren wir, was jetzt gerade ist, zum Beispiel den Kontakt mit der Fläche, auf der wir gerade sitzen oder liegen? Die Geräusche und Gerüche um uns herum? Spüren wir, wie unser Atem in uns hinein- und wieder hinausströmt? Unser Herz klopft? Das Blut in uns fließt und alles mit Sauerstoff versorgt? Haben wir eine Vorstellung davon, was sich jetzt, in diesem Moment, in unserem Körper abspielt? Wie wollen wir schließlich das große Glück empfinden, wenn wir nicht dazu in der Lage sind, unseren eigenen Herzschlag wahrzunehmen? Wie können wir darüber klagen, unglücklich zu sein, wenn wir unsere Sinne und Antennen gar nicht für das Glück öffnen?

Wenn ich mich nicht jetzt am Flug eines Schmetterlings erfreuen kann, wie kann ich dann erwarten, die Ekstase der Vereinigung meiner Seele mit der Seele meines zukünftigen Traumpartners zu spüren? Wenn ich meine Sinne nicht für die kleinen, banalen Dinge öffne, werden mich auch die großen Dinge nicht wirklich berühren. Wenn ich nicht lesen kann, bleibt mir die Literaturwelt verschlossen. Wenn ich mich nicht für das Schöne interessiere und keine Sensibilität dafür entwickelt habe, wird es mich unberührt lassen. Wenn ich den Geschmack einer einfachen, natürlich gereiften Tomate nicht schätze, wie könnte mich dann ein Drei-Sterne-Menü in Entzücken versetzen?

Glück ist eine Form von Sensibilität. Es ist die Aufmerksamkeit, die wir dem Augenblick entgegenbringen – wie auch immer dieser Augenblick gerade verläuft. Es kostet nichts. Es ist immer umsonst. Es ist nichts, was man erst erringen oder erkämpfen muss. Es ist bereits da. Es war immer schon da. Wir haben es nur nicht wahrgenommen. Glück schließt nichts aus und alles ein. Es trennt und zerteilt nicht. Wir erleben Glück im Bewusstsein der Ganzheitlichkeit, der Verbundenheit, im Empfinden der Einigkeit mit anderen, mit dem Leben und mit uns selbst. Niemand kann es uns geben. Niemand kann uns glücklich machen. Wenn die Saite Glück in uns nicht gestimmt ist, weil wir sie jahrelang nicht gepflegt haben, kann sie auch nicht erklingen. Glück fällt nicht vom Himmel auf uns herab und es gibt keine höhere Macht, die sich die Hände reibt, wenn sie uns wieder einmal eins ausgewischt hat.

Glück wird nicht nur an ein paar Auserwählte verteilt, während der Rest leer ausgeht. Es steht direkt vor uns und winkt uns zu und jedes Mal, wenn wir an ihm vorbeisehen, sinkt es traurig in sich zusammen und zieht mit gesenkten Schultern von dannen. Es möchte ja gesehen und wahrgenommen werden, wie alles, was existiert. Doch wir haben nichts Besseres zu tun, als mit leerem Blick in die Ferne zu starren oder mit in Falten gelegter Stirn genau die Stelle zu fixieren, die uns nicht passt. Es ist, als stünden wir vor einer riesigen, reich gedeckten Tafel. Doch wir sehen nur die kleine faule Stelle auf dem Apfel am äußeren Rand des Tisches.

Unser Glück liegt in jedem Atemzug, in jeder Wolke, die vorbeizieht, in jedem Grashalm unter unseren Füßen. Solange wir das Wunder des Lebens im Alltäglichen oder in der Perfektion eines einzelnen Blattes nicht erkennen, solange wird uns das Glück verschlossen bleiben. Alles, was wir zu tun haben, ist, uns jetzt zu öffnen und wahrzunehmen, was da ist. Wenn wir endlich damit aufhören, dauernd abwechselnd über Vergangenes zu grübeln oder uns vor Zukünftigem zu sorgen, wenn wir unsere Sinne sammeln und einmal tief durchatmen, dann spüren wir unser Glück: das Glück, hier zu sein und einen Fuß vor den anderen setzen zu können, das Glück, die Sonne auf der Haut zu spüren und die Lungen voller Sauerstoff zu haben, das Glück, sich verbunden zu fühlen mit dem, was in uns und um uns ist. Es ist das Gefühl von Nähe, von Verbundenheit, von Einheit – mit sich selbst, mit anderen, mit der Natur, mit dem Leben –, das uns glücklich macht. Es ist das Lächeln eines Unbekannten auf der Straße, ein Gespräch, eine Umarmung, das Eintauchen in einen Sonnenuntergang oder den Sternenhimmel, eine ausgestreckte Hand, das Summen einer Biene, der Duft des frischen Kaffees, das Lachen eines Kindes, ein freundlicher Blick, eine schöne Melodie …

Solange noch einer unserer Sinne intakt ist und Verbindung spüren kann, solange können wir Glück empfinden. Auch dann, wenn alles um uns zusammenbricht, auch dann, wenn wir niemanden um uns herum kennen, auch dann, wenn wir krank sind oder im Sterben liegen.

Glück ist die Verbindung zum Leben und es ist völlig unabhängig von den Umständen. Glück schließt nichts aus, sondern alles ein: Lachen und Weinen, Freude und Schmerz, Anfang und Ende, Geburt und Tod. Zwei Seiten einer Medaille – entweder man nimmt sie ganz oder man bekommt gar nichts. Wenn wir nur das Lachen, die Ausgelassenheit, die Schönheit und die Jugend haben wollen, können wir das Glück nicht spüren. Erst dann, wenn wir bereit dazu sind, auch von dem zu kosten, was wir nicht wollen, werden wir für das Glück empfänglich.

Wir können den Schmerz, die Trauer, die Verzweiflung und den Tod nicht aus unserem Leben ausklammern. Sie gehören dazu. Glück ist kein abgehobener Zustand ewigen Genusses, kein unendliches Sich-Amüsieren, sondern das Gefühl der Verbundenheit mit dem Leben. Auch dann, wenn man bis zum Hals im Dreck steht. Es kann sich nur zeigen, wenn man die Dinge so nimmt, wie sie sind.

Das Gefühl von Unglück entsteht mit der Trennung, wenn wir uns an diesem festklammern und jenes von uns stoßen, wenn wir uns diesem widersetzen und jenem hinterherlaufen. Es geht uns nicht gut, wenn wir uns isoliert, einsam und verlassen fühlen, wenn wir keinen Bezug zu den Dingen haben, wenn Kälte und Distanz in uns sind, wenn wir abgeschnitten sind von dem, was uns Leben gibt.

Am unglücklichsten sind diejenigen, die keine wirklichen Bindungen aufbauen können. Menschen, die eine Persönlichkeitsstörung in die Isolation zwingt, Menschen, die sich nur um sich selbst drehen, die in sich eingeschlossen sind und sich nicht für andere interessieren, die ohne Kontakt zu dem authentischen Wesen leben, das sie sind.

Wir erleben Glück in der Öffnung, in der Verbindung mit anderen, mit der Natur, dem Leben – vor allem aber in Verbindung mit uns selbst und mit dem, was uns als Menschen ausmacht. Jeder von uns trägt einen besonderen Funken in sich, eine Gabe, die ihn ganz und gar einzigartig macht, ein Talent, das es nur ein einziges Mal so gibt. Es gehört zu uns wie unser genetischer Fingerabdruck. Niemand anderes kann es entdecken als wir selbst. Es vibriert in uns und offenbart sich dann, wenn wir es wagen, die sicheren, ausgetretenen Pfade zu verlassen und uns selbst und unsere Art, die Dinge zu sehen, infrage zu stellen. Das, was uns wirklich ausmacht, was uns intensives Glück und tiefe Geborgenheit spüren lässt, finden wir nicht in der materiellen Welt, in Besitz und Äußerlichkeiten. Wir finden es dort, wo alles schwebt, wo es keine Sicherheiten und keine festen Formen gibt.

> Die Suche nach Glück bestimmt unser Leben. Wir laufen den Dingen hinterher, die wir haben wollen, und stoßen von uns, was wir nicht haben wollen. Doch Glück hat nichts mit dem zu tun, was wir haben, sondern damit, wie wir die Dinge erleben. Glück schließt nichts aus, sondern alles ein. Wenn wir es lernen, die Dinge in ihrer Gesamtheit so anzunehmen, wie sie in diesem Augenblick sind, offenbart sich uns das Glück, das wir vergeblich im Außen suchen.

DER GEIST
IN DER MATERIE: LICHT
IM DUNKELN

Innere Gelassenheit offenbart sich uns, wenn wir uns über die materielle Seite des Lebens hinaus in das subtile Unbekannte vorwagen. Wir begeben uns auf unsicheres Terrain, denn hier gibt es keine Gewissheiten und Garantien, nichts Stabiles und Dauerhaftes, an dem wir uns entlanghangeln könnten. Hier ist alles Bewegung, Vibration, Energie.

Wir beschäftigen uns vor allem dann mit unserer Spiritualität, unser Geistigkeit, wenn es darum geht, was nach unserem Tod mit uns passiert. Wie geht es nach uns weiter? Gibt es Dinge, die uns überdauern? Ein Vermögen für die Nachkommen, Ruhm oder zumindest ein guter Ruf, Kinder und Enkelkinder, die unseren Namen weitertragen, bevor er früher oder später in der Endlosigkeit des Nichts verhallt? Sind wir denn mehr als ein Wimpernschlag des Universums? Ist unser Leben, wie erfüllt es auch sein mag, mehr als ein kurzes Intervall zwischen zwei Finsternissen? War das dann alles? Werden wir dafür geboren? Geben wir uns deshalb solche Mühe?

Wir strengen uns unser Leben lang an, quälen uns in aller Frü-

he aus dem Bett, quetschen uns in überfüllte Bahnen oder Auto-
schlangen, verrichten Tätigkeiten, die uns entweder überfordern
oder langweilen, ertragen die alltäglichen Kleinigkeiten, ärgern
uns über dieses und jenes, haben nie genug Geld oder Zeit – bis all
das eines Tages, in der Regel zu früh, vorbei ist, denn so schlecht
war das Leben trotz allem dann doch nicht. Und dann?

Nach den drei großen monotheistischen Religionen werden
wir, wenn wir uns richtig benehmen, zumindest nach unserem
Tod dafür belohnt, uns ein Leben lang angestrengt zu haben. Wenn
wir uns jedoch nicht den jeweiligen Richtlinien entsprechend verhalten, dann bekommen wir nichts oder müssen in irgendeinem
verborgenen Teil des Universums für alle Ewigkeit büßen.

Gibt es einen Planeten für alle Sünder zusammen oder einen
Extraplaneten für jede Konfession? Und wie wird sortiert? Durchlaufen wir nach dem Tod eine Art Verwaltungsapparat wie in Sar-
tres *Das Spiel ist aus*? Gibt es verschiedene Paradiese? Müssen wir
es uns immer erst verdienen, wenn wir hineinwollen? Geht es also
selbst noch im Tod um eine Gewinn- und Verlustrechnung? Wenn
man nur genug investiert hat, bekommt man auch entsprechend
etwas zurück?

Doch keiner weiß mit Bestimmtheit, wie diese Dinge funktionieren. Niemand kann garantieren, dass das alles auch so ist, wie
man es uns überliefert hat. Dabei hätten wir so gerne Gewissheit.
Wir würden ja an einen Gott glauben, wenn wir nur genau wüssten, dass er auch existiert. Wir wollen ihn anfassen können, oder
doch zumindest sehen. Wir brauchen Sicherheiten.

Doch Glauben ist kein Vertragsabschluss. Für das, was wir glauben, gibt es keine Garantie. Es existiert jenseits der materiellen
Welt und ist durch nichts beweisbar. Glauben ist ein Wagnis, ein
Risiko ohne jede Absicherung. Der Glaube basiert nicht auf Zahlen
und Fakten, sondern auf einem Atemhauch, einem Sonnenstrahl,

dem Aufglimmen eines Sterns. Er schöpft sein Vertrauen aus der Hoffnung und ernährt sich von dem Mysterium, das das Leben ausmacht. Doch damit geben wir uns als Kinder der Aufklärung nicht zufrieden. Wir wollen dem, der das Ganze geschaffen hat, nahekommen, indem wir es ihm gleichtun. Wenn es ihn denn geben sollte.

Wir haben heute die Möglichkeit, künstliches Leben zu erschaffen und bestehendes Leben zu verlängern. Bis solche Methoden zur erschwinglichen Routine geworden sind, können wir uns klonen oder einfrieren und dann wieder auftauen lassen, wenn die Rezepte fürs ewige Leben ausgefeilter sind. Es gibt ernst zu nehmende Wissenschaftler, die vorhersagen, dass man bereits in den nächsten Jahrzehnten Methoden gefunden haben wird, den Menschen, wenn nicht unsterblich zu machen, so doch immerhin Tausend Jahre am Leben zu erhalten. Mit der Entschlüsselung des Genoms und den neuen Technologien, mit denen man zum Beispiel Organe ausdrucken und abgetrennte Köpfe auf andere Körper setzten kann, wird der Mensch zu einem unbegrenzt austauschbaren Ersatzteillager. Doch haben wir eine Ahnung davon, mit was wir da spielen und was wir mit den neuen Technologien anrichten können?

Wir versuchen mit allen Mitteln, uns die Natur untertan zu machen und das Leben zu kontrollieren. Wir haben die Achtung vor dem Mysterium des Lebens verloren, indem wir uns selbst zum Schöpfer aufgeschwungen haben und das Leben behandeln, als sei es eine bloße Addition von Formeln. Wir können es manipulieren – wir können ihm jedoch nicht seine Essenz entreißen. Was wissen wir schon von seinen Ursprüngen? Was verbirgt sich in der Materie? Wohnt dem Lebendigen eine Seele inne?

Wir können bis heute nicht erklären, warum uns eine Nase mitten im Gesicht wächst. Wir kennen vielleicht die Funktion der

Dinge, doch wir wissen nichts über den Geist, aus dem heraus sie sich entwickelt haben. Wir können einen Menschen bis in seine hintersten Winkel erforschen, doch wir haben keine Ahnung davon, was ihn eigentlich am Leben hält. Wir wissen nicht, warum jemand, der ein Leben lang raucht und trinkt, neunzig Jahre alt wird und jemand, der ein exemplarisches Leben führt, mit vierzig dahingerafft wird. Es ist uns ein Rätsel, wie Tumore von einem Tag auf den anderen vollständig verschwinden können. Wir haben keine Ahnung davon, ob wir vor unserer Geburt und nach unserem Tod in irgendeiner Form existieren. Und da diese Dinge für uns unbekanntes Terrain sind, tun wir gerne so, als gäbe es sie nicht.

Die Tatsache, dass wir so wenig über den Geist der Dinge wissen, erklärt sich dadurch, dass die Wissenschaft sich bisher kaum für die spirituelle Seite des Lebens interessiert hat. Spiritualität gehört bei uns in den Bereich von Religion und Philosophie. Die Kirche als Institution gerät jedoch zunehmend in die Kritik und weiß oft keine Antworten auf die Fragen unserer Zeit. Und der Philosophie fehlt die anwendbare Seite. Sie spielt sich in den Köpfen der Denkenden ab. Doch wir brauchen Praktisches, Konkretes. Wir wollen handeln, um unserer Existenz Sinn zu geben. Die Rituale, für die in unserer Gesellschaft kein Platz mehr ist, nach denen sich viele von uns jedoch sehnen, werden in möglichst exotischen oder möglichst alten Lehren ferner Völker aufgespürt – je nachdem, was gerade in Mode ist. Viele verlieren sich in den Glaubensgemeinschaften charismatischer geistiger Führer, die sich die Orientierungslosigkeit der Menschen zunutze zu machen wissen.

Nun kommt uns bei unserer Suche nach Sinn und Spiritualität ausgerechnet die Wissenschaft zu Hilfe, die Gott vom Firmament geholt hat. Beim Vordringen in das unendlich Kleine steht die

Quantenforschung vor der Beobachtung, dass es ab einem gewissen Punkt gar keine Materie, keinen festen Körper mehr gibt. Im tiefsten Inneren der Dinge ist Schwingung, Vibration.[13]

Es ist die Intention des Betrachters, die darüber entscheidet, was er sieht. Je nachdem, was er beobachten will, nimmt er entweder Schwingung oder Materie wahr, beziehungsweise genau genommen beides zusammen.[14] Unter den Mikroskopen der Quantenforscher löst sich die Gegensätzlichkeit zwischen materieller und immaterieller Welt auf. In der Betrachtung wird der wahrnehmende Mensch zum Schöpfer seiner Realität.

Diese Beobachtungen heben unser bisheriges Denken aus den Angeln. Sie sind eine Revolution, denn sie bedeuten, dass alles, was uns als feste Materie begegnet, im Grunde eine Art Schwingung ist. Demnach ist alles, was wir um uns herum wahrnehmen, eine Form von Energie: Gegenstände, Pflanzen, Tiere, Menschen ... Jeder Stoff vibriert auf seine Weise in einer bestimmten Frequenz. Es ist diese Vibration, die den Dingen ihre spezielle Form gibt.

Beim Betrachten der Chladnischen Klangfiguren wird vorstellbar, wie diese Prozesse verlaufen. Wir begreifen, dass alles in Schwingung ist – auch die Dinge, die uns als starr und solide erscheinen. Und auch, wenn es nicht so aussieht: Selbst im Inneren eines Steins ist Bewegung. Das menschliche Auge kann diese Bewegung nicht erfassen, doch die Tatsache, dass wir zum Beispiel das Wachsen einer Blüte mit bloßem Auge nicht erkennen können, bedeutet ja nicht, dass sich da nichts bewegt.

Vibrationen transportieren Informationen. Wir haben keine Probleme damit, das zu glauben, wenn wir telefonieren oder unse-

---

13 Vgl. Prof. Dr. Hans-Peter Dürr, ehemaliger Leiter des Max-Planck-Instituts für Physik im Interview »Geist und Materie« im P.M. Magazin, Mai 2007.
14 Siehe unter anderem Jörg Starkmuth: *Die Entstehung der Realität. Wie das Bewusstsein die Welt erschafft*, München: Goldmann 2010.

ren Computer benutzen. Vielleicht verstehen wir nicht, *wie* es funktioniert, doch wir wissen, *dass* es funktioniert. Nun sind nicht nur Telefone, Radios, Fernseher und Computer dazu in der Lage, Informationen zu empfangen und zu versenden. Wir sind es auch. Jede einzelne unserer Zellen ist gleichzeitig Sender und Empfänger und kommuniziert mit ihrer Umgebung. Gedanken und Worte, die ja ebenfalls auf ihre Weise schwingen, steuern und formen nicht nur Prozesse, die sich innerhalb des Körpers abspielen. Sie haben auch Auswirkungen auf das Umgebende. Nicht nur unser Handeln ist formgebend, sondern auch unser Fühlen, Denken, Sehnen und Sprechen. Gedanken und Worte vibrieren auf ihre Weise und haben gestalterische Kraft.[15] Gedankengesteuerte Prothesen zum Beispiel machen dies deutlich. Doch diese Kraft wirkt nicht nur innerhalb eines Körpers. An der University of Florida wurde eine Versuchsreihe durchgeführt, in der Studenten allein durch ihr Denken eine Drohne in Bewegung setzten. Wie lange wird es dauern, bis wissenschaftlich nachweisbar wird, dass unser Geist nicht nur Dinge bewegt, sondern sie auch zu schaffen vermag?

Wie sähe wohl eine Welt aus, in der wir unseren Körper vor allem durch die Kraft unseres Geistes gesund halten? Nachdem sie lange nicht ernst genommen wurden, nutzt inzwischen auch die Medizin der industrialisierten Länder Methoden wie Meditation, Visualisierung und Hypnose. Die Auswirkungen der Meditation auf die individuelle und kollektive Gesundheit sind heute unbestritten, Methoden wie Visualisierung werden auch in westlichen Krankenhäusern gezielt bei chirurgischen Eingriffen angewandt, um zum Beispiel Blutungen zu stillen oder Schmerzen zu lindern, und immer mehr Ärzte bieten Hypnose anstatt Anästhesie an.

---

15 Zur gestalterischen Kraft der Gedanken siehe zum Beispiel die Arbeiten von Wayne Dyer, Howard Gardner, Gerald Hüther, Ulrich Warnke.

Natürlich kann an solchen Methoden kein Labor verdienen. Jeder, der sich an unseren Problemen bereichern will, muss vor dem Potenzial, das in uns Menschen steckt, erzittern. Ist es daher verwunderlich, dass alles unternommen wird, damit wir möglichst nicht so schnell entdecken, wozu wir fähig sind? So steht energetisches Heilen weiter unter dem Verdacht der Scharlatanerie und viele Mittel sind recht, die Menschen in der Abhängigkeit der konventionellen – und kommerzialisierbaren – Behandlungsmethoden zu halten. Doch die Bewegung ist nicht aufzuhalten. Wir haben begonnen, uns unseres Potenzials bewusst zu werden. Die profitorientierte Welt bäumt sich noch einmal mit aller Macht auf, bevor sie sich schließlich selbst verschlingen wird, denn nichts wird die Menschen daran hindern können, ihren Bewusstwerdungsprozess fortzusetzen.

Die Frage nach Lebensformen jenseits des Körperlichen und materiell Erfassbaren gibt uns auch heute noch viele Rätsel auf. Nachdem sich die Wissenschaft lange Zeit nicht für die spirituelle Dimension des Lebens interessiert hat, beobachtet die moderne Forschung heute, dass das Herz der Materie Schwingung ist, Energie, Geist. Nicht nur unser Handeln, sondern auch unser Denken und unsere Worte haben formgebende Kraft und gestalten mit, was wir als unsere Realität wahrnehmen.

DER ANFANG
IM ENDE: ÜBER DEN
TOD HINAUS

In einem vibrierenden Universum schwingt alles Lebendige auf seine Weise. Nichts geht verloren, alles setzt sich immer wieder neu zusammen. Das Vergehen der Materie bedeutet nicht das Ende der geistigen Energie und des aufstrebenden Bewusstseins.

Die Wissenschaft interessiert sich heute zunehmend für geistiges und außersinnliches Wahrnehmen wie Hellsehen, Präkognition, Telekinese, Telepathie und Nahtoderfahrungen. Beim Erforschen der sogenannten Psi-Phänomene wird beobachtet, was den Philosophen des Ostens seit jeher klar war: Es ist der Geist, der die Materie schafft – und nicht umgekehrt. Während die Materie an den Geist gebunden ist, scheint der Geist keine Materie zu brauchen, um zu existieren. Bedeutet das, dass unser Leben nicht mit dem Verfall unseres Körpers zu Ende ist? Haben Menschen und vielleicht auch Tiere und Pflanzen eine Seele, eine Art immateriellen Körper, der nach dem Tod des materiellen Körpers weiter existiert, so wie es die animistischen Strömungen seit jeher glauben?

Seit Antoine Laurent de Lavoisier wissen wir, dass in der materiellen Welt nichts verloren geht. Alles setzt sich immer wieder auf neue Weise zusammen. Was widerspräche der Annahme, dass es sich in der geistigen Welt genauso verhält? Gedanken, Ideen, Erinnerungen, Träume, Melodien, Gedichte, Geschichten – sie existieren weiter, solange sie von einem Bewusstsein erfasst werden.

Denjenigen, die nur glauben, was sie anfassen können, sträuben sich bei solchen Fragen die Nackenhaare: »Esoterisches Geschwätz. Tot ist tot. Basta.« Der Glaube an ein Leben nach dem Tod ist etwas für Bigotte und Träumer, die nicht den Mut haben, der Realität ins Auge zu blicken. Die einen belächeln die anderen – doch am Ende stehen wir alle an derselben Stelle.

Offensichtlich gibt es für uns alle im Augenblick des Todes diesen Tunnel, an dessen Ende ein Licht leuchtet. In den unzähligen Erfahrungsberichten derjenigen, die ins Leben zurückgekehrt sind, nachdem sie für klinisch tot erklärt wurden, überschneiden sich über alle kulturellen Grenzen hinweg immer wieder dieselben Wahrnehmungen:[16] Das Sich-Loslösen vom Körper und der Szene des Todes, die präzise Wahrnehmung nicht nur der Details vor Ort, sondern ein Überblick über das Ganze, der Tunnel mit dem Licht, der Empfang durch vorher verstorbene bekannte oder auch unbekannte Wesen, das im Zeitraffer vorüberziehende Leben und das Nachempfinden dessen, was man während seines Lebens bei anderen ausgelöst hat, die Frage, was man mit seinem Leben angefangen hat, und das Gefühl einer alles umfassenden Liebe, die unbeschreibliche Schönheit einer Situation, aus der niemand mehr zurückkehren will.

Wenn wir diesen Berichten Glauben schenken – und wie sollten wir nicht, denn es sind unzählige und sie überschneiden sich alle –, haben wir also letztlich vielleicht gar nichts zu befürchten?

---

16 Siehe zum Beispiel die Arbeiten von Raymond Moody, Elisabeth Kübler-Ross, Jeffrey Long, Anita Moorjani.

Wir machen uns ein Leben lang Sorgen, vermeiden jeden Gedanken an den Tod und verbannen ihn in die hinterste Ecke unseres Bewusstseins, bekommen Depressionen, weil der Gedanke sich nicht leicht verdrängen lässt und sich dann, wenn wir unbeschäftigt und allein sind, doch wieder anschleicht, tun alles, um den gefürchteten Moment so lange wie möglich hinauszuzögern, koste es, was es wolle, und können das Leben aus Angst nicht einmal richtig genießen – und dann hat der Tod womöglich gar nicht den Schrecken, den wir ihm aufgezwungen haben? Dann wären wir also doppelt betrogen! Hätten wir uns unsere ganzen Ängste sparen können?

In den vielen tausend Nahtoderfahrungen ist nicht einmal von einer Hölle die Rede, von Teufeln, Fegefeuern oder ewigen Qualen. Haben die religiösen Institutionen uns das alles etwa nur erzählt, um sich und ihre Kassen zu füllen? Hätten wir also ganz entspannt leben können, voller Freude und Vertrauen, dass alles zur rechten Zeit geschieht und nichts wirklich schlimm ist, nicht einmal der Tod?

Können wir Erzählungen von Nahtoderfahrungen als Illusion eines agonisierenden Gehirns abtun oder als Erfindungen von Menschen mit besonders viel Fantasie? Eine Art letzter Gnade, die uns zuteilwird, um uns den Abgang zu erleichtern? Obwohl das Thema Nahtoderfahrungen in der Neurowissenschaft kontrovers behandelt wird, konnte inzwischen nachgewiesen werden, dass das Bewusstsein offensichtlich nicht an das Gehirn gebunden ist.[17] *Etwas* von uns scheint nicht an Raum und Zeit gebunden zu sein. Es scheint, als gäbe es neben unserer Realität und der Welt, wie wir sie erblicken, noch andere Realitäten. Menschen mit besonderer Sen-

---

17 Siehe zum Beispiel die Arbeit des Kardiologen Pim van Lommel: *Endloses Bewusstsein. Neue medizinische Fakten zur Nahtoderfahrung,* München: Knaur MensSana 2013.

sibilität können sie seit jeher wahrnehmen – so wie auch wir, wenn wir aufmerksam sind und unsere Antennen ausfahren, feststellen, dass wir durchaus Dinge wahrnehmen, die wir weder sehen, hören, riechen noch anfassen können. Wir spüren zum Beispiel die Präsenz einer Person hinter uns, die Stimmung von anderen Menschen oder die Atmosphäre, wenn wir einen Raum betreten. Auch jenseits unserer fünf Sinnesorgane existiert eine Realität. Trennen uns nur Schleier voneinander? Gibt es verschiedene Welten, die nebeneinander existieren? Ist alles, was jemals war und jemals sein wird, jetzt auch existent? Ist unser Leben wie eine Passage auf einer bestimmten Ebene, während um uns herum unzählige andere Ebenen existieren? Sind der Himmel oder das Paradies gar keine fernen Orte irgendwo im Universum, an die man irgendwann vielleicht gelangt, sondern Ebenen, die es genau hier vor unseren Augen gibt, die wir nur nicht sehen können, weil wir auf einer anderen Ebene vibrieren?

Geist, Seele, Bewusstsein – reist etwas von uns von Erfahrung zu Erfahrung, von Existenz zu Existenz? Steigen wir entsprechend der Entwicklung unseres Bewusstseins auf andere Ebenen auf oder ab? Dann wäre die einzig wirkliche Aufgabe in unserem Leben also die, unser Bewusstsein weiterzuentwickeln! Wenn *etwas* von uns überdauern soll, müssen wir vor allem dieses Bewusstsein pflegen und verfeinern. Bewusstsein, *conscientia*, bedeutet Mitwissen, Miterscheinung, Mitwahrnehmung – also das, was die *scientia*, die Wissenschaft, begleitet.

Etymologisch gesehen gibt es neben dem erlernten Wissen noch etwas. Etwas, das mit unserer Wahrnehmung zusammenhängt. Das bedeutet, dass wir an ihm arbeiten können, indem wir unsere Aufmerksamkeit und unsere Sinne öffnen und trainieren.

Seit Langem haben wir uns vor allem mit unserer materiellen Entwicklung beschäftigt und unserer geistige Entwicklung mehr oder weniger brachliegen lassen. Wir sind wie Kinder, denen ihre Spielzeuge über den Kopf gewachsen sind, verwirrte Zauberlehrlinge, die glauben, die Meister des Universums zu sein, Heranwachsende, die mit Papas Wagen fahren, aber keine Kontrolle über ihn haben. Wir sind vorangeprescht, haben erobert und erfunden und uns die Welt untertan gemacht mit der Begeisterung von Kindern auf Entdeckungsreise. Doch wir haben vergessen, etwas dabei mitzunehmen: die *conscientia*, das Bewusstsein, das mit dem Wissen einhergeht. So dient das, was wir schaffen, allzu oft nicht dem Ganzen, sondern den persönlichen Interessen einiger weniger. Die großartigste Erfindung wird zum Werkzeug der Zerstörung, wenn wir nicht die Reife haben, mit ihr umzugehen. Anstatt eine Öffnung, ein Fenster zur Welt zu sein, schließen uns unsere Bildschirme in uns ein, anstatt unser Leben zu schützen, vergiftet uns unsere Medizin, anstatt dem gemeinsamen Vorankommen zu dienen, werden unsere Erfindungen zu Waffen. Unser Fortschritt wendet sich so letztendlich gegen uns.[18]

Solange unser Bewusstsein nicht hinterherkommt, werden die neuen Technologien und Erfindungen nur einigen wenigen nützen und allen anderen und dem Planeten Schaden zufügen. Es ist nun an uns, die *conscientia* zu pflegen und sie mit der *scientia* zusammenzubringen.

In dieser Verbindung schaffen wir nicht nur auf unserem Planeten bessere Bedingungen für all seine Bewohner und erhöhen nicht nur unser materielles Sein. Unser Bewusstsein erhellt sich und steigt auf – dorthin, wo es keine Begrenzungen gibt, keine Zeit und keinen Raum: in die ewige Gegenwart.

---

18 »Wissenschaft ohne Gewissen ist der Ruin der Seele«, schrieb François Rabelais.

Während die Materie den Geist braucht, um zu existieren, ist der Geist an keinen Körper gebunden. Neurowissenschaftliche Experimente belegen, dass das Bewusstsein nicht an das Gehirn gebunden ist, und öffnen damit das Verständnis dafür, dass möglicherweise etwas von uns nach dem Tod unseres Körpers weitergeht. Die Entwicklung des Bewusstseins würde damit zum höchsten Streben unseres Seins.

GELENKTE AUFMERKSAMKEIT: HEUTE LEBEN

Wir spüren unser Bewusstsein in der Ruhe, im Innehalten, im Kontakt mit dem Jetzt. In der Stille des Betrachtens lernen wir, das aufgeregte Geplapper unseres Egos von der Stimme unserer inneren Weisheit zu unterscheiden. Aus ihr spricht das Wissen um die Verbundenheit und die Einheit alles Existierenden. Mit ihr sind wir sicher.

Unser Bewusstsein, unsere Fähigkeit, uns selbst und unsere Umgebung zu erleben und uns in unserer Einzigartigkeit wahrzunehmen, unterscheidet uns von allen anderen Lebewesen auf unserem Planeten. Wir erfahren es in dem Moment, in dem wir innehalten und unsere Aufmerksamkeit auf das lenken, was jetzt, in diesem Augenblick, ist. Wir spüren es, wenn wir einfach nur da sind, präsent, ohne etwas zu wollen oder zu planen und ohne Vergangenes zu analysieren oder Bevorstehendes zu vermuten.

Wahrnehmen, was kommt, und es wieder loslassen. Das ist eigentlich ganz einfach. Vielleicht schalten wir einmal alle Apparate um uns herum aus, klappen die Bildschirme zu und wagen es, einen Moment lang allein mit uns zu sein und nichts zu tun. Vielleicht stehen wir auf und gehen nach draußen, in den Garten, in den Park, zum nächsten Baum und nehmen wahr, was da ist. Wir spüren die Luft um uns, nehmen ihren Geruch wahr, ihre Berührung, hören das Geräusch unserer Schritte, spüren die Bewegung unseres Körpers. Vielleicht setzen wir uns da hin, wo es uns gefällt, und machen nichts anderes als das: nur sitzen und atmen. Nicht sofort wieder aufspringen, um etwas zu erledigen oder zu knabbern. Nichts machen und da sein mit der Stille. Spüren, wie der Atem hineinströmt und wieder heraus. Einatmen, ausatmen.

Währenddessen ist in unserem Kopf der Teufel los: »Was mache ich hier überhaupt? Wozu soll es gut sein, nur zu atmen? Das mache ich doch auch heute Abend beim Einschlafen.« Das ist es nicht. Es geht nicht um benebeltes Wegdämmern, sondern darum, seine Aufmerksamkeit bewusst auf etwas zu lenken, wie eben zum Beispiel auf seinen Atem. Natürlich gibt sich unser Gehirn die größte Mühe, es nicht dabei zu belassen, und schickt Heerscharen von Ideen auf den Weg: »Habe ich den Herd ausgemacht? Was die heute wieder anhatte. Es ziept. Ich muss morgen unbedingt in der Apotheke vorbeigehen. Ob er mich wohl anruft? Die Fliege nervt. Wie kann man nur so danebenliegen? Das werde ich ihm nie vergessen.« …

Wahre Kinofilme laufen in unserem Kopf ab, wenn wir versuchen, uns einfach nur mal so hinzusetzen. Unsere Gedanken kommen nicht zur Ruhe. Das ist normal – schließlich ist es ihr Job, Probleme aufzustöbern und zu versuchen, sie zu lösen. Wenn keine Probleme da sind, erfindet unser Denken welche – schließlich will es ja nicht arbeitslos werden und so nichtstuend herumsitzen wie wir in diesem Moment. Sobald eine Sache gelöst ist und wir einmal drei Minuten lang durchgeatmet haben, kommt garantiert das nächste Problem. Wir können gerade einer gefährlichen Situation entkommen sein, doch anstatt die Erleichterung eine Weile auszukosten, kommt nach kurzer Zeit schon wieder ein Gedanke vorbeigeflogen: »Was sage ich denen morgen im Büro? Schulz wird sich sicher nicht besonders für meine Geschichte interessieren. Typisch. Was ziehe ich an?«, und schon dreht sich das Rad weiter.

So sind wir die meiste Zeit unseres Lebens damit beschäftigt, uns entweder über gestern oder über morgen den Kopf zu zerbrechen. Das, was war, und das, was vielleicht sein wird, nimmt fast unsere gesamte Aufmerksamkeit in Anspruch. Wir käuen das Gestern wieder, grübeln, nehmen auseinander, tragen nach und ängstigen uns vor dem, was alles morgen sein kann, wenn wir nicht aufpassen. Doch weder auf gestern noch auf morgen haben wir den geringsten Einfluss. Wir können das Gestern nicht ändern und das Morgen nicht vorhersehen.

Und was ist mit dem Heute? Da sind wir gerade. Wir sind überhaupt immer nur heute, in dem, was gestern heute war und dem, was morgen heute ist. Für unsere Wahrnehmung gibt es genau genommen immer nur diesen einzigen Moment, in dem wir uns gerade befinden. Alles andere ist Erinnerung oder Spekulation. Es ist nicht wirklich. Das Einzige, was tatsächlich existiert, ist dieser Augenblick. Durch unseren Mangel an *Präsenz* entgeht uns das *Präsent*, das Geschenk, das uns das *Präsens*, die Gegenwart, macht. Wir haben nicht den geringsten Einfluss auf das, was vor oder hinter uns liegt. Unsere Grübeleien und Befürchtungen lähmen uns, versperren den Blick und helfen uns nicht, besser mit einer Situation zurechtzukommen. Nur die Gegenwart befreit uns.

Was stimmt denn zum Beispiel jetzt, in diesem Moment, nicht? Wir sitzen doch eigentlich nur da, wahrscheinlich recht bequem und im Warmen, und versuchen zu atmen. Das ist unsere Realität. Was uns gestern angetan wurde und was uns in einer Stunde erwartet, hat doch, wenn man es genau nimmt, gar nichts mit diesem Augenblick zu tun. *Jetzt* ist doch alles gut, oder? Niemand wirft uns gerade jetzt seine Unflätigkeiten vor die Füße, wir spüren jetzt gerade keinen Geldmangel und in diesem Moment kündigt uns niemand. Morgen oder in einer Stunde können wir vielleicht die Rechnungen nicht bezahlen, aber jetzt ist doch alles, was wir zum Leben brauchen, da. Sonst wären wir schließlich nicht hier. Das Herz schlägt, der Atem fließt, die Organe funktionieren. Es ist alles in Ordnung. Wenn morgen bei der Untersuchung vielleicht etwas gefunden wird, dann wird es das Problem von morgen sein, aber nicht von heute. Ich kann heute nicht lösen, was morgen vielleicht sein wird oder auch nicht. Also kann ich jetzt endlich ganz in Ruhe atmen.

Unser Blick wird durch Geschäftigkeit und Hektik getrübt. Wenn wir uns in unseren Aktionen verlieren, haben wir keinen klaren Überblick und sehen die Dinge verzerrt. Es ist, als schütte man Erde in ein Wasserglas und rührt um. Erst wenn sich die Partikel setzen, wird der Blick klar. Solange Bewegung im Wasser ist, bleibt alles durcheinander und trübe. Erst wenn das Wasser wieder zur Ruhe kommt, kann sich die Erde absetzen. Sie ist dann zwar immer noch da, trübt aber das Wasser nicht mehr. Wir sehen erst dann wieder klar, wenn sich sozusagen unser inneres Wasser beruhigt. Wenn wir zur Ruhe kommen, dann kann sich auch das setzen, was uns trübt und was uns die Sicht benebelt, denn wenn wir immerzu unseren Gedankenstürmen hinterherlaufen, leben wir schließlich wie hinter einem trüben Schleier. Wir sehen gar nicht, was wirklich passiert. Die Dinge liegen im Nebel, ohne dass wir es bemerken. Wir halten es für normal, die Welt so zu sehen, zumal es die meisten Menschen um uns herum ja genauso machen.

Wenn wir zu sehr beschäftigt sind und dauernd hierhin und dorthin laufen, können wir die Dinge gar nicht so sehen, wie sie sind, wie in der Geschichte vom Engel und vom Dämon: Ein junger

Mönch fragt seinen Meister, ob er denn wohl in seinem Leben einmal einen Engel zu sehen bekomme. Der Meister antwortet: »Kein Problem, heute Nachmittag wollte wieder einer vorbeikommen.« Der Lehrling ist außer sich vor Aufregung. Er läuft im Haus hin und her, bringt dies hierhin und das wieder zurück, besorgt dieses und erledigt jenes – als er plötzlich dem schrecklichsten Ungeheuer gegenübersteht, das seine Augen je erblickt haben: pelzige Pranken, glühender Blick, bedrohliches Grollen. Zu Tode erschreckt flieht er bis in die hinterste Ecke des Hauses und kommt bis zum Abend nicht aus seinem Versteck heraus. Als er schließlich, noch ganz wacklig auf den Beinen, seinem Meister begegnet und ihm aufgeregt von seiner schrecklichen Begegnung erzählt, sagt ihm dieser: »Wie schade, dass du nicht da warst, als der Engel zu Besuch kam. Was für eine Erscheinung! Welches Licht, welche Güte, welche Schönheit!« Der Engel war da gewesen – doch in seiner eiligen Geschäftigkeit hat ihn der junge Mönch gar nicht erkannt. Er sah nur das Abbild seiner eigenen inneren Trübheit.

Wie oft passiert es, dass wir, erdrückt von unseren Gedanken, Sorgen und Ängsten, dort Dunkelheit sehen, wo eigentlich Licht ist? Wie oft gehen wir blind vor Grübeln an der Schönheit um uns herum vorbei? Wie oft sehen wir Probleme dort, wo Lösungen sind, oder lassen uns vom Schillern und Funkeln blenden, wo Betrug ist? Aufmerksamkeit pflegen ist so, als setzte man eine schlierige, zerkratzte Brille ab. Sie bringt uns dorthin zurück, wo wir klar sehen.

Eine gute Übung dafür ist die Meditation. Es geht hier nicht um ein Entschweben in irgendwelche Vorstellungswelten oder um geistige Akrobatik, sondern um die gelenkte Aufmerksamkeit auf das, was in diesem Moment ist. Es ist das Betreten eines Raumes in uns, in dem es keine Grenzen gibt. Während des Meditierens fliegen Bilder, Gedanken und Gefühle vorbei. Unsere innere Welt ist schließlich ebenso belebt wie die Welt um uns herum. Wir können die Dinge nicht daran hindern, zu existieren – doch wir können unsere Position wählen, unsere Haltung zu den Dingen. Wir sind nicht wie die Wolken, die am Himmel entlangjagen, und auch nicht wie die Wellen an der Oberfläche des Meeres. Das, was wir sind, ist viel tiefer und kann nicht durch Ereignisse und Stimmungen durcheinandergebracht werden. Wir sind wie der Himmel und nicht wie die Wolken, wie der Ozean und nicht wie die Wellen.

Meditieren ist, als klettere man auf eine Anhöhe, von wo aus man einen besseren Überblick hat. Man sieht die Dinge und lässt sie existieren, doch man identifiziert sich nicht mehr mit ihnen. Meditation ist nach innen gelenkte Aufmerksamkeit. Wir nehmen wahr, was ist – und lassen es dann los. Immer wieder, ohne etwas anderes zu erwarten als das, was ist. Wenn wir die Dinge nur betrachten, wenn wir sie nur beobachten, ohne sie zu beurteilen, ohne uns mit ihnen zu identifizieren und ohne uns von ihnen mitreißen zu lassen, wird das spürbar, was sich hinter den Dingen befindet: eine tiefe, innere Gelassenheit.

Mit der nach innen gelenkten Achtsamkeit werden wir zum Beobachter. Wir springen nicht mehr auf jeden Gedanken auf, der vorbeifliegt. Wir lernen, die verschiedenen Stimmen in uns voneinander zu unterscheiden. Eine davon plappert ununterbrochen vor sich hin: »Hast du den da gesehen? Das wird nie was. Ich habe Hunger. Immer ich. Natürlich habe ich recht. Mir ist kalt. Wie komisch die guckt. Pass auf! Ich habe keine Lust. «

Es ist die Stimme unseres Egos, das sich keine Ruhe gönnt. Es ist immer auf der Hut und stets darauf bedacht, sich in den Mittelpunkt zu stellen. Es will das Einzige sein, das Größte, das Beste, das Schlauste, das Schnellste. Es will sich von allen anderen unterscheiden und der Welt zeigen, wie besonders es ist. Es weiß nicht, dass wir das gar nicht beweisen müssen, weil wir sowieso von Geburt an einzigartig sind.

Wenn wir unserem Ego zu viel Macht geben, steuert es uns mit sicherer Hand bald gegen diese oder jene Wand oder in diesen oder jenen Graben – denn es achtet nicht besonders gut auf den Weg vor uns. Es ist ja vor allem damit beschäftigt, Vergangenes auseinanderzunehmen und Zukünftiges zu vermuten oder zu befürchten. Mit der Gegenwart kennt es sich weniger gut aus. Daher verliert es oft den Weg aus den Augen.

Mithilfe der Meditation setzt man das Ego auf den Beifahrersitz. Es darf immer noch mitfahren und uns unterhalten, aber das Steuer nimmt jetzt jemand anderes in die Hand. Es ist das authentische Wesen, das wir tief in uns finden, wenn wir zur Ruhe kommen. Es ist ohne Hektik, ohne Falsch, ohne Groll und ohne Angst. Es will nicht irgendwie erscheinen und auf sich aufmerksam machen und es hält sich nicht für besser oder schlechter als andere. Es weiß, dass es gleichzeitig einzigartig und eins ist mit allem, was ist, was jemals war und jemals sein wird. *Es ist.* Es klammert sich nicht an seinen Verletzungen, Vermutungen oder Besitztümern fest. Es meckert nicht, es muss nicht recht haben, es verteidigt sich nicht, es interpretiert nicht, es verurteilt nicht und es beschuldigt nicht. Seine Laune ist nicht abhängig vom Verkehr, von der Beschaffenheit der Straße, den Wetterbedingungen oder dem Verhalten der anderen Autofahrer.

Es hat den Überblick und lenkt uns sicher durch Wind und Wetter, egal, was passiert. Regengüsse, Überschwemmungen, Glatteis, Staus, Schlaglöcher, Unebenheiten, Hindernisse – ruhig und mit sicherer Hand bahnt es sich seinen Weg, von dem es nichts abbringen kann. Es kann nicht verhindern, dass uns Unfälle, Erschütterungen und Unwegsamkeiten begegnen. Das gehört eben dazu, wenn man sich auf den Weg macht. Wir wissen nicht, was vor uns liegt und ob es einen Plan gibt. Wir sind ohne Landkarte unterwegs. Wir sind Reisende und keine Touristen, die im Liegestuhl am Pool liegen, Cocktails schlürfen und Souvenirs kaufen. Auf unserem Weg kann es gefährlich werden, wir riskieren etwas. Doch wenn unser authentisches Wesen uns steuert, können wir ganz beruhigt sein und darauf vertrauen, dass es die Dinge genau so macht, wie sie richtig sind.

Hier bei diesem authentischen Wesen finden wir eine Antwort auf unsere Fragen und Lösungen für alle unsere Probleme. Hier ist der Zugang zu unserer tiefen inneren Wahrheit. Hier gibt es keine Lüge, Falschheit und Manipulation, hier kann uns niemand etwas vormachen, hier können wir uns nicht täuschen oder verirren. In der Tiefe unseres Wesens, in unserem inneren Universum, gibt es etwas, das uns wie ein Ariadnefaden mit dem Außen verbindet: unseren Atem. Er führt uns immer wieder auf den richtigen Weg, denn er ist die Brücke zwischen außen und innen, oben und unten, Materie und Geist. Er zeigt uns den Weg zu unserem inneren Licht. Er leitet uns zu der Flamme, aus der wir alle entstanden sind und die wir seit Anbeginn in uns tragen – denn alles, was in unserem Universum existiert, entspringt ja aus der Sonne. Wenn wir dieses Licht in uns spüren, wissen wir, dass wir zu Hause sind.

Das Bewusstsein ist an die Gegenwart gebunden. Doch wir sind die meiste Zeit in unseren Gedanken in der Vergangenheit oder in der Zukunft und damit nicht wirklich präsent. Meditation hilft, mit dem Augenblick Kontakt aufzunehmen und zum Beobachter dessen zu werden, was in diesem Moment geschieht, ohne es zu werten, zu interpretieren oder zu analysieren. Damit wird der Weg frei zu der Klarheit, die uns allen innewohnt. Hier finden wir Ruhe, Frieden und Vertrauen.

IST DA JEMAND?
DER GÖTTLICHE FUNKE

Das Prinzip des Höchsten, wie auch immer wir es nennen, existiert nicht getrennt von uns. Alles von dem, was außerhalb von uns ist, ist auch in uns. Hier können wir es erfahren. In unserem Inneren spüren wir den göttlichen Funken. Es ist an uns, ihn zum Leuchten zu bringen und groß werden zu lassen.

Viele von uns glauben an eine ordnende Kraft, eine Intelligenz, aus der das Leben hervorgegangen ist: Gott, Universum, Kosmos, Prana, Liebe, Leben, Natur ... Nennen wir es, wie wir wollen, denn im Wesentlichen handelt es sich um dasselbe: das Prinzip des Höchsten, das unsere Vorstellung zu erfassen versucht. Auch diejenigen, die behaupten, an nichts zu glauben, glauben doch zumindest an dieses Nichts, das ebenso wenig begreiflich ist wie alles andere.

Ewigkeit, Unendlichkeit, Alles, Nichts – mit diesen Begrifflichkeiten geraten wir an die Grenzen unseres Vorstellungsvermögens. Wir können dieses Große, Mysteriöse weder unter dem Mikroskop analysieren noch mit dem Skalpell sezieren oder es mit unserem Verstand erfassen. Beim erforschenden Vordringen in das Kleinste stehen wir schließlich vor demselben Mysterium wie beim Erforschen des Größten: Wir können uns die Ereignisse nicht mehr erklären. Wir können sie nur noch betrachten.

Bisher war die Betrachtung die Herangehensweise des Mystikers an die Welt. Doch bei allem Fortschritt steht heute auch die moderne Wissenschaft an den Grenzen des Erklärbaren. Bestimmte Phänomene kann sie nur beobachten. Hier treffen sich die Methoden des spirituellen und des wissenschaftlichen Suchens: Welcher Unterschied besteht letztendlich zwischen einem Mystiker, der durch Gebet oder Meditation mit einem Licht kommuniziert, das er Gott nennt, und einem Physiker, der Kräfteverhältnisse erforscht, die er nicht sehen kann, von denen er nur Lichteffekte beobachtet?[19]

Die Physik kann Phänomene wie den Welle-Teilchen-Dualismus, die Nichtdeterminiertheit von physikalischen Vorgängen und deren Beeinflussung durch die Beobachtung nicht erklären. Sie kann sie nur beobachten. Das Phänomen der Quantenverschränkung gibt es bisher nur als Versuch, nicht als Erklärung. Demnach gibt es eine Art der nichtlokalen Verbindung zwischen Teilchen, auch wenn diese sehr weit voneinander entfernt sind. Wir verstehen zwar nicht, wie diese Verbindungen funktionieren, doch das hindert sie nicht daran, zu funktionieren: Menschen in Europa reagieren allergisch auf Pflanzen, die nur in Amerika blühen. Wenn man einen Blütenstängel durchtrennt und auf einen Teil Reizsignale sendet, reagiert auch der abgetrennte Teil. Es scheint, als könnten lebendige Organismen ohne jede materielle Form der Verbindung über große Entfernungen miteinander kommunizieren. Die Kommunikation läuft jedoch nicht nur über elektromag-

---

19 Siehe dazu auch Ulrich Warnke: *Quantenphilosophie und Spiritualität. Der Schlüssel zu den Geheimnissen des menschlichen Seins,* München: Scorpio 2014.

netische Wellen wie Lichtwellen, Radiowellen, Röntgenstrahlen oder Gammastrahlung.

Experimente in der Astrophysik haben vor Kurzem die Annahme Einsteins bestätigt, dass jeder Körper durch seine Bewegungen sogenannte Gravitationswellen erzeugt, das heißt Wellen, die entstehen, wenn Masse beschleunigt wird. Demnach empfangen und senden wir Informationen weit über die bisher bekannten Verbindungen hinaus. Aus physikalischer Sicht ist es so, als stünde uns mit dieser Erkenntnis heute ein zusätzliches Sinnesorgan zur Verfügung.

Die Art und Weise, wie die Dinge miteinander zusammenhängen, ist für uns undurchschaubar. Die Ereignisse sind nicht brav auf einer Linie angeordnet: Wenn ich dies mache, dann kommt das dabei heraus. Ursache und Wirkung sind in einem viel zu komplexen Netzwerk miteinander verknüpft, als dass wir sie kontrollieren könnten. Es ist eine gefährliche Illusion, zu glauben, wir könnten das Leben auch nur ansatzweise beherrschen. Zwar können wir die Auswirkungen eines Ereignisses am einen Ende des Planeten auf andere Erdteile verfolgen, doch wir können nicht vorhersehen, welche Auswirkungen bestimmte Ereignisse auch in nächster Zukunft haben werden. Vollkommen unbedeutend erscheinende Ereignisse können langfristig anderswo zu einer gänzlich veränderten Situation führen, mit der niemand gerechnet hat.[20]

Wir wissen, was geschieht, wenn wir einen Stein in die Hand nehmen und loslassen: Er fällt hinunter. Doch wir können nicht

---

20 Der Schmetterlingseffekt beschreibt im Gegensatz zur Kettenreaktion die Unvorhersehbarkeit und mögliche Auswirkungen auch kleinster Ereignisse: Wenn hier ein Schmetterling mit den Flügeln schlägt, kann das einen Tornado am anderen Ende der Welt auslösen – das bedeutet jedoch nicht, dass jeder Schmetterling einen Tornado auslösen wird.

kalkulieren, was damit alles verbunden sein kann und welche Auswirkungen ein so banales Ereignis haben kann. Wenn an der Stelle, wo er hinfällt, zufällig gerade mein Fuß ist, tut es weh. Vielleicht ist mein Zeh gebrochen und ich muss zum Arzt. Vielleicht verliebe ich mich in diesen Arzt, bekomme drei Kinder mit ihm und vielleicht wird eins von diesen Kindern ein Wissenschaftler, der diese Zusammenhänge genau erklären kann. Vielleicht aber auch nicht.

Wir können nur Vermutungen über die direkten Konsequenzen eines Ereignisses anstellen. Doch was ein banales, freundliches Kopfnicken im Vorbeigehen auslösen kann, bleibt uns verschlossen. Hat der andere das Lächeln gesehen oder nicht? Macht ihm das gute Laune? Vielleicht lächelt er dann auch jemanden an, der wiederum jemand anderen anlächelt. Vielleicht ist das jemand, der gerade eine schlimme Nachricht erhalten hat und sich von der Brücke stürzen will. Vielleicht entscheidet er sich anders, als ihn das Lächeln erreicht, das wir zehn Personen vorher auf den Weg geschickt haben. Wir können nicht wissen, was unser Handeln alles auslösen kann. Das Bestgemeinteste kann Chaos verursachen und ein Lächeln kann Leben retten, ohne dass wir die leiseste Ahnung davon haben.

Doch wir glauben, wenn wir etwas mit guter Absicht tun, muss auch etwas Gutes dabei herauskommen. Der Weg zur Hölle ist mit guten Vorsätzen gepflastert, heißt es in einem Sprichwort. »Aber das war doch gar nicht so gewollt!« Wir verstehen nicht, was da schiefgelaufen ist – und ziehen eine höhere Macht dafür zur Rechenschaft. »Das Leben ist ungerecht. Bei all dem Elend kann ich nicht mehr an Gott glauben.« Sechs Millionen Juden, zwanzig Millionen Opfer des Kommunismus in Russland und fünfundsechzig Millionen in China, fünfzig Millionen Ureinwohner Amerikas allein in den ersten hundert Jahren der Kolonialisierung,

Menschen ohne Zahl aller Kontinente, die an Hexenwahn, Hunger, Epidemien, Kriegen, Vertreibungen und Versklavungen zugrunde gingen ... das alles haben wir ganz ohne Gottes Hilfe getan. Und wenn wir Gott ins Spiel gebracht haben, kam es meistens noch schlimmer, denn wir konnten unserem Gegner dann vorwerfen, er habe nicht nur uns, sondern auch unsere höchste Instanz angegriffen.

Wie stellen wir uns denn vor, dass Gott in die Machenschaften der Menschen eingreift? Hat er seine Lieblinge? Privilegiert er diesen Herrscher und straft jenen? Und wie steht es mit unserem freien Willen? Wir können machen, was wir für richtig halten, aber wenn Gott mit unserer freien Entscheidung nicht einverstanden ist, dann hagelt es Strafen? Erwarten wir, dass er Blitze vom Himmel schleudert, um uns daran zu hindern, uns und unseren Planeten zu vernichten? Was für einen Gott haben wir uns da in unserer Vorstellung erschaffen? Einen eifersüchtigen, zürnenden Aufpasser? Einen Austeiler von Privilegien und Sanktionen? Eine Art Polizisten des Weltraums, der die einen bevorzugt und die anderen straft? Wir haben uns unseren Gott nach unserem eigenen Abbild geschaffen und ihn am Niedrigsten orientiert, zu dem wir fähig sind. Wir haben Gott klein gehalten. Wir haben ihn eingesperrt in dunkle Institutionen, anstatt ihn in unseren Herzen wirken zu lassen. Wir haben ihn von uns abgetrennt, ihn aus uns herausgerissen und auf einen Thron gesetzt, wo wir ihn vor Prunk kaum noch erreichen konnten. Wir haben unseren Gott gespalten und vergessen, dass er eins und untrennbar ist. Doch bei unserem Versuch, uns mit ihm möglichst gut zu stellen, haben wir uns vor allem auf Äußerlichkeiten beschränkt und uns um unsere eigene Verantwortung für unsere Taten gedrückt.

Doch das Wesentliche haben wir nicht begriffen. Wir haben nicht verstanden, dass wir nicht getrennt vom Prinzip des Höchsten existieren. Wir sind in ihm enthalten, so wie dieses Prinzip in uns wirkt. Wir sind Teil der Natur, des Lebens, des Universums, des Alles und des Nichts. Wir sind ein Teil unseres Gottes, so wie unser Gott ein Teil von uns ist. Doch wir haben alles zertrennt. Wir haben unsere Wahrnehmungswelt auseinandergenommen und unter unsere Mikroskope gehalten – bis wir unter eben jenen immer mächtiger werdenden Mikroskopen entdeckten, dass es diese Trennung gar nicht gibt. Wir sind Teil derselben Energie.[21]

Alles, was existiert, vibriert gemeinsam: *Uni-versum* – ein Lied. So hört es der Alchimist, der sich am Klang der Dinge inspiriert. Wir alle spielen im selben Orchester. Jede noch so kleinste Note wirkt sich auf die Harmonie des Ganzen aus. So kommt letztendlich das, was wir aussenden, in der einen oder anderen Form immer wieder auf uns zurück. Was wir dem Kleinsten antun, tun wir auch dem Größten an, was wir den anderen zumuten, muten wir uns selbst zu.

Wenn wir begreifen, was die spirituellen Strömungen aller Zeiten beobachtet haben und was die Wissenschaft heute bestätigt, dann wissen wir, wie wir dem Prinzip des Höchsten, dem Licht, der Einheit und der Liebe näherkommen. Es ist an uns, es zu nähren. Wir kommen ihm nicht automatisch mit Bibelfestigkeit, regelmäßigen Kirchgängen und guten Taten näher, denn wir nähren ja vor allem unser gutes Gewissen und unseren Hochmut, wenn wir uns das Leid anderer zunutze machen, um uns selbst zu erhöhen oder besser zu fühlen: »Seht her, was für ein guter Mensch ich bin!«

---

21 Siehe dazu die Gedanken zur All-Eins-Erfahrung in *Das erwachende Bewusstsein. Aufbruch in die neue Zeit* von Christian Strasser, München: Scorpio 2012.

Wir spüren das Höchste in uns, wenn wir Frieden in unseren Herzen schaffen, wenn wir den Mut haben, unser inneres Dunkel auszuleuchten, und wenn wir uns selbst mit allem, was wir sind, annehmen und respektieren. Wir nähren das Höchste, indem wir uns selbst transformieren und durchlässig machen für das Licht. Der größte Dienst, den wir unserem Gott erweisen können, ist der, den göttlichen Funken, den wir alle in uns tragen, zum Leuchten zu bringen. Lassen wir ihn in uns leben und begegnen wir ihm in allem, was ist. Strafen wir unseren Gott nicht mit Vorwürfen oder Ignoranz und befreien wir ihn aus der Rolle des beleidigt Zürnenden. Lassen wir Gott in uns groß sein.

Frieden und Harmonie um uns herum entstehen in unserem Herzen. Wenn ich eins bin mit mir selbst, wenn ich mein Denken, meine Worte und mein Handeln in Einklang bringe, wenn ich im Sinne der Einheit und des Ganzen handele, dann bringe ich das Prinzip des Höchsten in mir zum Wirken. Wenn ich selbst Licht in mein Dunkel trage und es durch mich hindurchscheinen lasse, verbinde ich mich mit meinem Besten – und nur darauf kommt es doch letztlich an. Ich brauche dann niemanden mehr, der kontrolliert, ob ich auch alles richtig mache – ich weiß es aus mir selbst heraus. Es ist an jedem von uns, sich dafür in Bewegung zu setzten. Erwarten wir nicht, dass jemand uns die Arbeit aus der Hand nimmt und uns genau sagt, wo es langgeht und was wir zu tun haben. Niemand gibt uns einen Sinn vor. Es ist an uns, ihn zu entdecken.

Universum, Leben, Liebe, Prana, Alles, Gott, ...: In unserem Bedürfnis nach Sinn suchen wir nach einer übergeordneten, lenkenden Instanz. Indem wir unseren Gott personifiziert haben, wurde er zum eifersüchtigen, zürnenden Aufpasser des Universums. Im Erleben der Verbundenheit und Einheit aller Dinge jedoch existiert Gott nicht außerhalb von uns. Er ist in uns. Wir sind es, die den göttlichen Funken, der uns allen innewohnt, unter dicken Schichten verborgen halten und uns so von unserer schöpferischen, sinngebenden Kraft abschneiden.

ENDLICH ERWACH(S)EN! DIE EIGENE REALITÄT SCHAFFEN

Wir sind begrenzte Wesen mit unbegrenzten Fähigkeiten. Im Begreifen der schöpferischen Kraft der Sprache erfahren wir, dass wir die Macht haben, uns unsere jeweilige Realität selbst zu erschaffen. Alles, was wir realisieren, geht auf eine Idee, einen Gedanken, ein Wort zurück. Es sind nicht nur unserer Taten, die der Welt Gestalt geben.

Der Weg zu sich selbst ist lang, unbequem, manchmal leidvoll – und gleichzeitig voller Freude, Leichtigkeit und Erfüllung. In den Initiationsriten der Kulturen, die wir gerne als primitiv bezeichnen, müssen die jungen Menschen ihren Mut unter Beweis stellen, bevor sie in die Gemeinschaft der Erwachsenen aufgenommen werden. Das ist ein bewusst ausgeführter und feierlicher Prozess. Mit einer Zeremonie wird den Heranwachsenden vermittelt, dass sich einem das Kostbare nicht offenbart, wenn man bequem im Sessel sitzen bleibt und sich bedienen lässt. Es ist anstrengend und kann auch schmerzhaft sein. Man macht sich auf den Weg ohne Garantie, ohne Versicherungspolice und ohne Rückfahrkarte. Man kann sich irren und riskiert etwas.

Doch wenn wir dieses Risiko nicht eingehen, werden wir mit

der Zeit einfach nur immer älter und gebrechlicher, aber nicht erwachsen. Wenn wir die Dinge immer nur so machen wie die anderen vor uns, dann erstarren wir und werden niemals wissen, was sich wirklich in uns verbirgt. Wenn es vor fünfhundert Jahren niemanden gegeben hätte, der sich ins Unbekannte hinausgewagt hat, um einen neuen Seeweg nach Indien zu finden, dann würden wir vielleicht immer noch denken, wir lebten auf einer Scheibe. Kolumbus hat sich geirrt. Er hat nichts gefunden, von dem er schon wusste, sondern ein vollkommen unbekanntes Territorium.

Nur durch das Wagnis kommen wir auch weiter. Wenn wir immer nur die Wege gehen, die unser Clan für uns vorgesehen hat, wenn wir immer nur das Gleiche und nie das Fremde suchen, dann haben wir vielleicht ein schickes Haus, ein tolles Auto und immer volle Einkaufstaschen und Kleiderschränke, aber innerlich veröden wir. Wer ein Leben lang im eigenen Saft schmort und immer nur darauf bedacht ist, sich bloß nicht durchschütteln zu lassen, wird nie entdecken, wer er ist. Er wird nie seine Besonderheit, seine Einzigartigkeit entdecken, die ihn von allen anderen unterscheidet. Und er wird nie das tiefe Glück kennenlernen, wirklich mit sich selbst eins zu sein. Nur, wenn wir das berühren, was unsere ganz besondere Gabe ist, brauchen wir im Außen nichts und niemandem mehr hinterherzulaufen. Wirkliche Zufriedenheit ist nur möglich, wenn wir erfahren, was in uns steckt.

Der Weg dorthin ist lang. Doch wir haben ja ein ganzes Leben dazu. Es ist anstrengend, sich zu »ent-wickeln« und es kann wehtun, wenn die Schichten, die wir um uns gewickelt haben, sich lösen. Das ist der Trost: Immer dann, wenn es besonders schmerzt, wenn wir starken Widerstand spüren, wenn wir die Hoffnung verlieren und nicht mehr weiterwissen – dann löst sich gerade eine der Schichten um uns auf.

Das, was schmerzt, ist unser Widerstand, das Alte loszulassen. Wir können etwas dafür tun, diesen Schmerz erträglich zu halten, doch wir können ihn nicht verhindern. Lassen wir ihn in der Gewissheit zu, dass er vergehen wird. Nichts bleibt, alles verändert sich – auch der schlimmste Schmerz. Nehmen wir ihn als Boten, als Ankündigung dafür, dass wir einen Großteil des Tunnels durchschritten haben und dass wir bald etwas Neues, Helleres erblicken werden. In gewisser Weise brauchen wir ihn also, denn ohne ihn wüssten wir nicht, wo wir uns gerade befinden. Er hilft uns dabei, uns zu orientieren. Wenn uns die Flamme nicht die Haut verbrennen würde, liefen wir Gefahr, unser Leben zu verlieren.

Es fällt uns nicht leicht, uns in das Unvermeidliche zu ergeben und den Mut zu entwickeln, uns bisweilen die Finger zu verbrennen. Schließlich muss in unserer Gesellschaft heute niemand mehr Schmerzen erleiden. Es gibt ja für alles eine entsprechende Betäubung. Diese einerseits große Errungenschaft birgt andererseits das Risiko in sich, dass wir auf Dauer unsere Sinne so sehr benebeln und abtöten, dass wir die Orientierung vollkommen verlieren und nur noch vor uns hinvegetieren.

Hier aber geht es nicht ums Überleben, sondern ums Leben. Wir brauchen wache Sinne, um uns nicht nur materiell weiterzuentwickeln, sondern auch spirituell. Über viele Jahrtausende hinweg haben wir unsere Überlebensfähigkeit bewiesen. Nun kommt es darauf an, zu zeigen, ob wir auch dazu in der Lage sind, als erwachsene, verantwortungsbewusste Menschen zu leben und uns auch in geistiger Hinsicht zu entfalten. Wir stehen vor der immensen Aufforderung, in unserer gesamten Entwicklung aufzusteigen und auf einer höheren Ebene zu vibrieren. Das ist die Herausforderung unserer Zeit.

Es geht nicht mehr darum, lediglich technische Fortschritte zu machen. Wir haben gesehen, welche Zerstörungen es mit sich bringt, wenn wir nur die materielle Seite unserer Existenz fördern. Jetzt geht es ums Ganze: An dem Abgrund, an dem wir alle stehen, auch wenn viele von uns es noch nicht bemerkt haben, ist keine Zeit mehr für Schönheitspflaster und Reförmchen, die die Probleme nur verlagern, aber nicht lösen. Es geht heute darum, grundsätzlich etwas zu verändern. Diese fundamentale Veränderung nimmt ihren Ursprung im Bewusstwerden der Verantwortung jedes Einzelnen für sein Leben – und damit auch für das Leben seiner Umgebung. Wir stehen vor einem Paradigmenwechsel. Und wir haben die Fähigkeit, ihn zu schaffen. Wir befinden uns erst ganz am Anfang der Entdeckung unserer geistigen Fähigkeiten. Wenn uns erst klar wird, was wirklich in uns steckt, werden wir uns nicht mehr manipulieren und unterdrücken lassen, wir werden nicht mehr andere zerstören lassen, was uns Leben gibt. Wir werden es nicht mehr zulassen, dass man uns entzweit und sich an unseren Konflikten bereichert, und wir werden uns nicht mehr wie Schafe behandeln lassen und schlucken, was man uns vorsetzt.

In der Minute, in der wir begreifen, wer wir wirklich sind und über welches Potenzial wir verfügen, wird die Welt eine andere sein. Für diese Revolution brauchen wir keine Waffen und kein Blutvergießen – daran würden sich eh immer wieder dieselben bereichern. Wir brauchen ein einziges Werkzeug – das, was uns von allen anderen Lebewesen auf diesem Planeten unterscheidet: das gedachte und gesprochene Wort. Hier nehmen die Dinge ihren Ursprung.

Mit dem Wort geben wir den Dingen nicht nur einen Namen, sondern auch eine Bedeutung. Ein Tisch zum Beispiel ist ein Tisch, weil wir ihn so nennen, und nicht etwa Bank, Konsole, Hocker, Regal oder Sideboard – obwohl er durchaus auch zu diesen Zwecken benutzt werden kann. Unser Tisch nun würde nicht als Tisch existieren, wenn vorher niemand auf die Idee gekommen wäre, ihn zu bauen. Um etwas zu schaffen, was auch immer es ist, braucht es drei Phasen: Projekt, Konzeption und Realisation. Nichts kann entstehen, was es nicht vorher als Idee gegeben hat. Keine der drei Phasen kann übersprungen werden. Was auch immer ich in meinem Leben realisieren möchte, geht auf einen Gedanken zurück, der sich in einem Wort formuliert und mit einer Tat umgesetzt wird. Denken, Sagen und Tun müssen miteinander übereinstimmen, damit sie zu dem von mir gewünschten Resultat führen können. Wenn ich etwas anderes tue, als ich denke oder sage, kann sich das, was ich mir vorstelle, auch nicht realisieren.

Um unsere Ideen zu verwirklichen, brauchen wir Bewegungsfreiheit und Platz. Wenn kein Raum da ist, kann sich auch kein Projekt realisieren, und wenn wir die Hände nicht frei haben, können wir nicht entsprechend handeln. Wir müssen also möglicherweise erst einmal etwas loslassen, falls unsere Hände schon voll sind. Und wenn sich unser Projekt dann realisiert, müssen wir auch entsprechend aufmerksam sein und da hinsehen, wo es sich gerade abspielt. Wenn wir auf dem Fußballplatz den Ball nicht im Auge haben, verpassen wir leicht den Moment, in dem das Tor fällt. Oft nehmen wir das Resultat gar nicht als solches wahr, weil es ganz anders aussieht, als wir es uns vorgestellt habe. Oder wir sabotieren es, weil es uns Angst macht. Im Grunde sind wir möglicherweise gar nicht bereit dafür und bekommen kalte Füße. Vielleicht glauben wir auch insgeheim, dass wir es gar nicht verdienen. Wir sind jedenfalls alle Weltmeister darin, uns selbst alle möglichen Stolpersteine und Fallstricke in den Weg zu legen. Doch ernten wir letztendlich immer genau das, was wir ausgesät haben, auch wenn die Saat vielleicht ganz anders aufgegangen ist, als wir es ursprünglich geplant haben.

Um zu verstehen, welche Macht wir bei der Gestaltung unserer Realität haben, stellen wir uns eine Zitrone vor. Nehmen wir sie in die Hand, betasten sie, riechen vielleicht daran, nehmen ein Messer und schneiden sie auf. Wir spüren, wie der Saft herausspritzt und uns über die Finger läuft. Während wir uns das bildlich vorstellen, zieht sich jetzt unser Gaumen zusammen und Speichel fängt an zu fließen. Die Zitrone ist aber doch gar nicht da! Unser Gehirn tut trotzdem so und sendet Signale, die den Speichelfluss in Gang bringen, denn es macht keinen Unterschied zwischen etwas, was wir uns nur vorstellen, und etwas, was tatsächlich existiert. Es unterscheidet nicht zwischen Idee und Realität. Wir haben also einen entscheidenden Einfluss darauf, wie wir etwas erfahren möchten.

Wenn in meiner Vorstellung etwas angenehm ist, werde ich es auch so erleben, und wenn ich etwas von vornherein grauenhaft finde, wird es für mich mit ziemlicher Sicherheit auch genau so sein. Die Energie folgt der Aufmerksamkeit. Die Dinge werden möglich, wenn wir sie für möglich halten.[22] So kommt es, dass eine Mutter das Auto anheben kann, unter das ihr Kind geraten ist – sie hat sich keine Gedanken darüber gemacht, ob es nicht viel zu schwer für sie ist. Sie hat all ihre Energie in diese eine Richtung mobilisiert und es einfach getan.

Wir müssen nicht versuchen, Autos anzuheben, um das zu erfahren. Es reicht, zum Beispiel in der Ostsee baden zu gehen. Wenn ich ins Wasser gehe und mir bei jedem Schritt sage »Oh Gott, ist das kalt!«, wird sich in mir alles zusammenziehen und ich werde die Kälte auch garantiert sehr intensiv empfinden. Wenn ich jedoch meine Aufmerksamkeit auf etwas anderes als die Kälte richte, fühle ich sie weniger. Das Wasser hat zwar immer noch die gleiche Tem-

---

22 Mark Twain sagte: »Sie wussten nicht, dass es unmöglich war. Also haben sie es getan.«

peratur, aber ich empfinde es als weniger kalt. Das kann so weit gehen, dass ich die Kälte schließlich überhaupt nicht mehr spüre.

Wir sind alle dazu in der Lage, allein durch die Kraft unserer Vorstellung die Temperatur in unserem Körper zu erhöhen oder zu senken, unseren Herzschlag zu regulieren und Schmerzwahrnehmungen zu steuern. Unser Gehirn macht absolut keinen Unterschied zwischen den Informationen, die von außen, und denen, die von innen kommen. Damit ist uns die Fähigkeit gegeben, uns unsere Realitäten selbst zu erschaffen.[23]

Wir entscheiden nicht nur darüber, was wir sehen wollen, wie im Beispiel des Welle-Teilchen-Dualismus, wir haben auch einen Einfluss darauf, wie wir etwas empfinden. Wenn ich mich zum Beispiel jeden Morgen aus dem Bett quäle und widerwillig zur Arbeit fahre, kann sich in mir kein Gefühl von Zufriedenheit entwickeln. Wenn meine Mundwinkel dauernd nach unten hängen, kann ich lange auf das Schöne warten, obwohl ich es mir doch so sehr wünsche.

Glück ist eine Frage der Entscheidung. Das wusste schon Voltaire. Wenn ich glaube, dass das Leben ein Trauerspiel ist, werde ich auch überall die Totenglocken hören. Wenn ich davon überzeugt bin, dass früher alles schöner und aufregender war, dann ist es für mich auch genau so. Wenn ich mir immer wieder sage, dass ich eine schwere Kindheit hatte und kein Selbstbewusstsein entwickeln kann, dann tritt genau das ein. Wenn ich mein Leid ganz furchtbar finde und davon überzeugt bin, dass es mich umbringen wird, so tut es das auch, ganz sicher.

Glücklicherweise funktioniert das umgekehrt ebenfalls. Sicher gibt es Grenzen: Positives Denken allein macht uns nicht schöner,

---

23 Siehe auch Dieter Broers: *Gedanken erschaffen Realität. Die Gesetze des Bewusstseins,* München: Trinity 2013.

klüger und reicher und das Universum ist kein Supermarkt, an den man nur seine Wünsche schicken muss, damit sie Wirklichkeit werden. »Ich hätte gerne zwei Kilogramm Erfolg, dünnere Beine und einen Doppelgänger von Brad Pitt als Ehemann.« Ein paar Workshops und Bücher machen uns nicht zu glücklichen, ausgeglichenen und erfolgreichen Menschen. Das Leben will durchlebt, Erfahrungen wollen gemacht, die Materie will durchleuchtet werden. Es geht nicht um das Konsumieren irgendwelcher Persönlichkeitsentwicklungsprodukte, die gerade in Mode sind, oder um das Exerzieren von möglichst exotischen Übungen, sondern um das Durchdringen dessen, was das Leben uns anbietet, wie auch immer es aussieht. Das ist die Herausforderung, vor der alles Lebendige steht, das nach Entwicklung strebt.

Wir werden immer auch schwarze Tage erleben und mit unseren Plänen scheitern, wir werden uns immer wieder klein, einsam und unglücklich fühlen und wir werden bisweilen mit dem falschen Fuß aufstehen und nachts vor Sorgen kaum schlafen können. Wir wären ja unerträglich selbstgerecht, wenn uns alles immer nur gelingen würde. Doch wir haben die Macht, unsere Erfahrungen zu lenken. Erwachsen werden ist genau das: Es bedeutet, sich seiner Möglichkeiten und Grenzen bewusst zu werden und zuzulassen, dass das, was geschieht, nicht gegen uns gerichtet ist. Die Hindernisse auf unserem Weg zeigen uns nur, woran wir noch zu arbeiten und vor allem, was wir loszulassen haben, damit es uns nicht mehr beschwert und nach unten zieht. So spüren wir, wie die Dinge erneut in Fluss und ins Gleichgewicht kommen.

Wir bekommen für unser Leben diverse Zutaten mitgeliefert: Wir werden mit bestimmten Genen in eine bestimmte Familienstruktur hineingeboren, in eine gewisse soziale, wirtschaftliche und politische Situation. Diese Dinge können wir nicht ändern. Je mehr wir uns gegen die Gegebenheiten auflehnen, desto unbequemer und schmerzhafter wird es für uns. Doch wir können bestimmen, welches Gericht wir aus den Zutaten zubereiten: Schmeißen wir alles nur irgendwie zusammen und wärmen nur dies oder jenes auf, oder nehmen wir uns die Zeit und kochen wirklich etwas daraus?

Auch wenn wir uns die Zutaten vielleicht nicht so aussuchen können, wie wir wollen, so können wir doch entscheiden, wie viel von jeder Zutat ins Gericht hineinkommt. Selbst unsere Gene und unsere Erziehung haben letztendlich nur den Beigeschmack, den wir ihnen geben, denn wir können sie entsprechend kombinieren und Bitterkeit, Säure, Fadheit oder Schärfe damit ausgleichen. Alles ist eine Frage der Zubereitung: Verwende ich die Zutaten frisch oder eingelegt? Dünste oder brutzele ich? Lasse ich die Dinge am Stück oder zerteile ich sie? Womit würze ich? Ob die Mahlzeit schmackhaft wird oder nicht, hängt allein von mir ab.

Ein Sprichwort besagt, dass es nie zu spät für eine glückliche Kindheit ist. Wenn wir Frieden mit uns selbst schließen und jenen, die uns prägten, unseren Respekt und unsere Liebe geben und dann im Vertrauen auf die Heilkraft des Verzeihens unserer Wege ziehen, dann gibt es keine anderen Grenzen mehr als die, die wir zulassen.

Was auch immer ist, es besteht vor allem aus Leere. Wie sich die Dinge entwickeln, hängt von den Informationen ab, die sie erhalten. Wir bekommen nicht automatisch immer wieder dieselben Krankheiten wie unsere Vorfahren. Unsere Gene spielen letztendlich eine viel geringere Rolle, als man bisher annahm.[24] Unser Kör-

---

24 Studien der Epigenetik zufolge bestimmt die Vererbung nur fünfzehn Prozent unserer DNA. Alles andere hängt von unserem Verhalten ab. Diese Erkenntnis allein hebelt einen Großteil der heutigen medizinischen Behandlungsmethoden aus. Die Tatsache, wie wenig von diesen Informationen an die breite Öffentlichkeit gelangt, zeigt, in welchem Ausmaß wirtschaftliches Interesse vor Allgemeinwohl steht.

per erneuert sich ständig, bis ins hohe Alter. Alles ist immerzu in Bewegung und erhält damit jederzeit die Möglichkeit, sich in eine andere Richtung zu entwickeln. Nehmen wir das Steuer in die Hand. Auf Wind, Wetter und Seegang haben wir keinen Einfluss – aber wir sind es, die die Segel ausrichten und darüber entscheiden, wie wir die Wellen nehmen.

Über unsere Fähigkeit zur Sprache erfahren wir unsere gestalterische Kraft. Das gedachte oder gesprochene Wort ist der Ursprung jeder Verwirklichung. Da unser Gehirn eine Idee für die Realität hält, müssen Denken, Sprechen und Handeln miteinander harmonieren, um zu dem gewünschten Resultat zu führen. Wenn wir das begreifen, wird uns bewusst, dass wir nicht nur entscheiden können, was wir als unsere Realität wahrnehmen. Wir haben ebenfalls die Fähigkeit, unsere Erfahrungen zu lenken.

TEILNEHMEN:
DER WELT EINE NEUE
FORM GEBEN

Wir haben die Möglichkeit, der Welt von heute eine neue Form zu geben. Der Abfall unserer Zeit wird der Humus für eine neue Zeit werden. Jeder von uns trägt das Potenzial in sich, mit seinem Denken und Handeln, und scheint es noch so banal, diese Welt so zu gestalten, dass sie all ihren Bewohnern ein Leben in Würde und Sicherheit erlaubt.

Leben ist ein Mysterium. Vieles bleibt für uns undurchschaubar. Was im Leben geschieht aus Zufall? Was ist Schicksal oder Vorsehung? Was macht das schon für einen Unterschied? Würde uns das »Warum« wirklich weiterhelfen? Ist nicht das »Wie« viel entscheidender? Wie kommt es, dass ich immer wieder in ähnliche Situationen gerate? Wie habe ich es angestellt, dass mir das jetzt passiert? Wie positioniere ich mich? Wie verhalte ich mich? Wofür entscheide ich mich?

Wir haben immer die Wahl, Ja oder Nein zu einem Ereignis zu sagen – was es auch ist. Darin liegt unsere Macht. Und für das Weitere, lassen wir dem Leben seine Geheimnisse. Versuchen wir nicht, sie ihm zu entreißen, sondern erkunden wir sie mit dem Mut und dem Respekt eines Ritters, der sich auf seine Abenteuer einlässt, so gut er kann.

Wenn wir genau wüssten, was passieren wird, wäre das Leben dann noch die Erfahrung wert? Wenn ich morgens aufstehe und genau durchkalkulieren könnte: Wenn ich jetzt dies mache, passiert mir am Nachmittag jenes. Würden wir uns nicht alle nach kurzer Zeit dermaßen langweilen, dass wir den Himmel anflehen, uns endlich ein paar Überraschungen zu schicken? Wir sind doch am Leben, um immer wieder neue Erfahrungen zu machen. Leben ist Bewegung, immer wieder neues Ausbalancieren. Wenn wir von vornherein den Ausgang einer Geschichte kennen, würden wir uns dann noch auf den Weg machen? Ohne den Zufall, das Unbekannte, Unkalkulierbare, Mysteriöse wäre das Leben schließlich wie ein schnöder Sonntagsspaziergang. Was bleibt uns also anderes übrig, als uns auf das Spiel einzulassen? Denn das ist es doch im Grunde. Und das wollen wir alle, seit wir auf der Welt sind: spielen. Ausprobieren. Entdecken. Wir verkümmern, wenn wir uns nicht austoben können, aneinander weiterkommen, uns miteinander entwickeln, uns verbessern und vervollkommnen. Doch manchmal vergessen wir, dass es eben nur ein Spiel ist und dass es, wenn wir das Spielfeld und unsere Mitspieler vernichten, auch für uns nicht mehr weitergeht.

Wir wissen nicht, wohin dieses Spiel führt. Doch wie in jedem Spiel gibt es auch hier Regeln. Wir bekommen jeden Tag die Möglichkeit, diese Regeln immer wieder neu zu erfahren und an ihnen zu wachsen. Wenn wir sie missachten, bekommen wir es zu spüren und werden daran erinnert, dass wir nicht allein auf dem Spielfeld sind. Anstatt uns hart zu machen und gegen das, was uns gegen den Strich geht, zu rebellieren, können wir fragen: »Was willst du mir sagen? Wie kann ich durch dich weiterkommen?« Jedes Ereignis kann damit zu einer Gelegenheit werden, uns bewusst weiterzuentwickeln, uns selbst näher zu erfahren und das authentische Wesen, das wir sind, besser kennenzulernen. Es gibt dann keine gemeinen Schicksalsschläge und fiesen Zufälle mehr, sondern nur noch Gelegenheiten, an sich zu arbeiten und zu wachsen und auf eine höhere Ebene aufzusteigen. Stellen wir uns ein Leben vor, in dem wir nicht nur die kleinen alltäglichen Unannehmlichkeiten, sondern selbst Krankheit, Trennung und Verlust auf diese Weise annehmen können!

Stellen wir uns vor, wie es ist, mit offenem Blick vor die Tür zu treten, die anderen mit Neugierde anstatt mit Misstrauen zu betrachten und nicht zu fragen: »Was willst du von mir?«, sondern: »Was kannst du mir zeigen? Was kann ich durch dich lernen?« Stellen wir uns vor, wie es ist, wenn wir eine Kündigung als Gelegenheit nehmen, uns endlich die Arbeit zu suchen, die uns wirklich entspricht, oder eine Krankheit, wie schwer auch immer sie erscheinen mag, als eine Möglichkeit, uns selbst näherzukommen und authentischer zu leben.

Wie wäre unser Leben, wenn wir aufhören würden, es als gegen uns gerichtet zu begreifen, und beginnen, uns ihm hinzugeben und voller Vertrauen auszukosten, in der Gewissheit, dass alles, was geschieht, richtig ist, so wie es eben ist. Denn in der Natur gibt es keine Ungerechtigkeiten, nur Gesetze. Was wir als ungerecht empfinden, bedeutet, dass wir die Gesetze nicht respektiert haben.[25]

---

25 Die hermetischen Gesetze, in vorchristlicher Zeit von der sagenhaften Gestalt des Hermes Trismegistos verfasst, bilden den Grundstein der Alchemie, aus der sich im Laufe des 17. und 18. Jahrhunderts die moderne Chemie und Pharmakologie entwickelt haben. Sie finden heute ihr Echo in den Entdeckungen der modernen Wissenschaft:
1. Das Prinzip des Geistes: Alles ist mit allem verbunden. Alles ist eins. Alles ist Geist. Aller Schöpfung geht eine Idee voraus.
2. Das Prinzip von Ursache und Wirkung: Jede Ursache hat eine Wirkung und jede Wirkung eine Ursache. Jede Aktion erzeugt eine Energie, die wieder zum Verursacher zurückkehrt.

Wir können uns sofort darauf einlassen, denn wir müssen nicht darauf warten, dass sich erst etwas ändert, bevor wir in Aktion treten. Um unsere Welt neu zu erleben und zu gestalten, brauchen wir nichts anderes als die Welt, wie sie heute ist. Sie ist der Humus, auf dem die Welt von morgen entstehen wird. Auch wenn sich das Alte mit noch so viel Getöse und Protest gegen den Untergang wehrt, es wird sich doch nicht halten können. Zu viele Menschen sind sich schon der Flamme bewusst, die sie in ihrem Inneren tragen, als dass man sie noch aufhalten könnte. Das Bewusstsein bahnt sich seinen Weg.

Niemals gab es so viele Menschen, die sich für ein besseres und gerechteres Leben *für alle* engagieren. Niemals zuvor haben sich auf der ganzen Welt so viele Menschen für gemeinnützige Projekte in allen uns betreffenden Lebensbereichen eingesetzt. Es gibt heute so viel Ausdruck von Solidarität, Großzügigkeit und gemeinschaftlicher Intelligenz wie nie zuvor.

Es ist an jedem von uns, im Rahmen seiner Möglichkeiten zu handeln, und scheinen sie auch noch so gering. Damit können wir der Welt in jedem Moment eine neue Richtung geben. Hören wir nicht auf die spöttischen Stimmen, die immer wieder fragen: »Und was soll das bringen?« Handeln wir so, wie wir es für richtig halten, wie in der Geschichte vom Kolibri. Als der Wald brennt und alle Tiere fliehen müssen, fliegt der Kolibri, der Kleinste unter seinen

---

3. Das Prinzip der Entsprechungen: Wie oben, so unten, wie außen, so innen, wie im Kleinen, so im Großen.

4. Das Prinzip der Anziehung: Gleiches zieht Gleiches an und wird durch Gleiches verstärkt. Ungleiches stößt einander ab.

5. Das Prinzip des Ausgleichs: Alles strebt zur Harmonie. Das Stärkere bestimmt das Schwächere und gleicht es sich an.

6. Das Prinzip von Rhythmus und Schwingung: Alles fließt hinein und wieder hinaus. Alles hat seine Gezeiten.

7. Das Prinzip von der Polarität und der Geschlechtlichkeit: Alles besitzt Pole, ein Paar von Gegensätzen. Die Gegensätze sind eins.

Artgenossen, unermüdlich zum nächsten See, nimmt einen Tropfen in seinen winzigen Schnabel und fliegt damit zurück in die Flammen. Das behäbige Rhinozeros beobachtet sein Treiben: »Du glaubst doch wohl nicht, mit deinen Tropfen etwas ausrichten zu können?« Im Vorbeifliegen antwortet der Kolibri: »Ich tue meinen Teil.«[26]

Damit sich auf der Welt etwas Wesentliches ändert, müssen wir nicht erst abwarten, dass sich alle auf den Weg machen. Jeder tut, was er kann, und trägt auf seine Weise zu der Veränderung bei. Jede noch so kleine Geste kann einen Wirbelsturm auslösen, wenn die Zeit dafür gekommen ist.

Veränderung geschieht nicht aus irgendeinem Zwang heraus, sondern mit der Freude von Menschen, die mit sich selbst in Einklang sind. Geben wir uns dieser Freude hin und der uns angeborenen »Be-geisterung«. Sie ist der Motor für unsere Entwicklung. Wir können lernen, uns für die Welt, in der wir leben, zu begeistern und uns wieder wie als Kind über jede Kleinigkeit freuen, die wir entdecken.

Schenken wir den Dingen um uns herum Aufmerksamkeit und Dankbarkeit. Dankbarkeit dafür, jeden Tag die Welt erfahren zu können, fühlen zu können, sich berühren zu lassen, zu empfinden, in Kontakt mit den Dingen zu sein. Damit können wir in dieser Sekunde beginnen. Vielleicht empfinden wir auch Dankbarkeit dafür, in einer Epoche wie dieser zu leben. Wir können diese Zeit miterleben und an einer sich neu entwickelnden Welt mitwirken. Wir können diesen immensen Wandel, der sich gerade vollzieht, ganz bewusst wahrnehmen und unsere Position wählen: Rhinozeros oder Kolibri?

---

26 Dies ist die Leitgeschichte der von Pierre Rabhi angeführten französischen Bewegung der Colibris.

Vielleicht gehen wir jetzt hinaus auf die Straße und sehen der nächsten Person, die uns begegnet, in die Augen. Vielleicht schauen wir in den Himmel oder setzen uns unter einen Baum. Oder wir atmen bloß eine Weile bewusst und lassen die Dinge an uns vorüber- und durch uns hindurchziehen. Wir müssen nicht in die Politik gehen oder uns bewaffnen, um die Dinge zu verändern. Die Veränderung fängt hier und jetzt in jedem Einzelnen von uns an. Wenn nur ein paar Menschen sich versammeln und gemeinsam meditieren oder beten, hat das direkte Auswirkungen auf ihre Umgebung. Die Neigung zur Gewalt um sie herum reduziert sich deutlich.[27]

Es muss sich nicht erst die halbe Menschheit ändern, bevor sich auch die Dinge ändern können. Eine Handvoll Menschen hat ausgereicht, den Weg in die Zerstörung vorzugeben. Der Rest ist gefolgt. So funktioniert es auch umgekehrt: Das Bewusstsein und das Handeln der Millionen Menschen, die sich heute im Sinne des Allgemeinwohls engagieren, geben eine neue Richtung vor. Diese neue Bewegung hat ungeheure Auswirkungen – auch wenn wir sie vielleicht noch nicht direkt spüren. Diejenigen, die die Welt im Würgegriff halten, tun alles, damit die Menschen sich ohnmächtig und isoliert fühlen, weil sie so besser zu kontrollieren sind. Doch sie sind es, die sich isoliert haben, denn ihr Bewusstsein ist verkümmert und sie erkennen die Zusammenhänge nicht. Sie werden sich nicht mehr lange halten können, denn gegen das erwachende

---

27 Es gibt zahlreiche Untersuchungen zu den Auswirkungen der Transzendentalen Meditation und dem sogenannten Maharishi-Effekt. Die erste experimentelle Bestätigung erfolgte 1982 im Libanonkrieg. An Tagen, an denen die Teilnehmerzahl der Meditierenden hoch war, sank die Zahl der Kriegstoten beachtlich. In Konfliktgebieten oder Gefängnissen sinkt die Gewalt deutlich, nicht nur, wenn die Betroffenen selbst lernen, zu meditieren, sondern auch, wenn eine Gruppe von Menschen, die gar nicht an diesen Orten sind, es tut. Diese Studien eröffnen ganz neue Perspektiven für den Weltfrieden.

Bewusstsein und das Erkennen der Einheit des Seins sind sie machtlos. Ahnen sie es und setzen deshalb nur noch auf kurzfristigen Profit?

In welcher Form auch immer wir unser Leben führen und an der Gestaltung der Welt teilnehmen, wie unbedeutend unser Denken, unsere Worte und unser Handeln auch scheinen, wir entscheiden darüber, wie die Dinge sich im Großen entwickeln. Die virtuelle Welt, die wir seit kaum zwei Jahrzehnten gemeinsam schaffen, führt uns die Möglichkeiten vor Augen, die wir haben, unsere wirkliche Welt zu gestalten: Alles ist miteinander vernetzt. Im weltweiten Netz existiert nichts getrennt vom anderen. Alle und alles stehen miteinander in Verbindung und alles ist Teil eines großen vibrierenden Ganzen, das sich nach und nach mit der Beteiligung aller immer weiter aufbaut. Jeder leistet seinen Beitrag zu dieser globalen Gemeinschaft. Es gibt keine zentrale Macht. In dieser Welt ist alles Energie, Vibration, und alles hat ein Herz aus Licht.

Wir sind in dieser Welt, um miteinander zu kommunizieren, zu lernen, zu teilen, uns miteinander auszutauschen oder zu spielen. Jeder Einzelne wählt frei die Erfahrungen aus, die er machen will. Er schafft sich seine eigene Realität durch die Kraft seiner Entscheidungen. Es ist an jedem von uns, das Ganze durch unsere Haltung höher oder tiefer vibrieren zu lassen.

Vielleicht werden noch viele Generationen ihre Zeit vor allem in virtuellen Welten verbringen, vielleicht wird unser Planet noch mehr zerstört, vielleicht wird die gesellschaftliche Kluft noch tiefer und vielleicht verhärten sich die Konflikte weiter. Unter Umständen werden wir uns daran gewöhnen, mit bestimmten Giften zu leben. Womöglich werden sich unsere Körper daran anpassen, so wie sie es immer getan haben, oder es wird vielleicht eines Tages zu spät für die Menschen sein. Möglicherweise werden die Bemühungen Einzelner lange Zeit noch unsichtbar bleiben. Das alles hindert uns nicht daran, uns heute mit unserer Würde aufzurichten und das zu tun, was wir zu tun haben.

Vor langer Zeit hat ein Säure-Erzeuger über neunzig Prozent des damaligen Lebens auf der Erde zerstört. Es war der aggressivste Stoff, der bis dahin existiert hatte. Sein Name: Oxygenium, Sauerstoff. Die Entstehung des Sauerstoffs hat auf der einen Seite zerstört und auf der anderen die Lebensbedingungen geschaffen, die heute auf dem Planeten herrschen.

Das Leben bahnt sich seinen Weg und passt sich immer wieder den Bedingungen an. Es wird selbst Radioaktivität gegenüber unempfindlich und bringt heute Pilze und Bakterien hervor, die sich von Plastik ernähren. Selbst wenn wir die Zerstörung weiter ihren Lauf nehmen ließen, wird das vielleicht unser eigenes Ende bedeuten, aber sicher nicht das Ende des Lebens auf dem Planeten. Der Natur ist es egal, ob wir Menschen da sind oder nicht. Doch wir können nicht ohne sie. Indem wir sie schützen und ihr mit Respekt begegnen, schützen wir uns selbst.

Hören wir auf, sie beherrschen zu wollen, um sie bis auf den letzten Tropfen auszuquetschen, sondern lernen wir aufs Neue von ihr, so wie wir es immer gemacht haben, und achten ihre Gesetze. Auch wenn sie sich uns immer wieder gebeugt hat, sie ist uns um ein Unermessliches überlegen. Wir können von einem Moment auf den anderen verschwinden. Die Erde bräuchte sich nur ein ganz klein wenig zu schütteln, wie ein Hund, der sich von seinen Flöhen befreit. Verneigen wir uns also vor ihr. Tun wir unser Bestes und halten die Flamme in uns lebendig. Öffnen wir die Türen und erlauben wir dem Licht, das wir in uns tragen, sich von Raum zu Raum zu verbreiten. Es vertreibt jede Dunkelheit von ganz allein, so als öffnete man eine Tür zwischen einem hellen und einem dunklen Raum: Nicht das Dunkel fließt in das Licht. Das Licht fließt dorthin, wo es dunkel ist.

Wir bekommen mit der Geburt eine Figur zugewiesen und einen bestimmten Platz auf dem Spielfeld. Doch wie wir unsere Figur bewegen und sich entwickeln lassen, liegt vor allem an uns. Widersetzen wir uns den Ereignissen nicht, sondern nutzen wir sie als den Boden, aus dem heraus sich eine neue Welt entwickeln kann. Wir haben die Möglichkeit, dieser Welt eine Richtung zu geben, die das Wohl aller mit einschließt. Dazu muss sich nicht erst die halbe Menschheit ändern. Ein kleiner Teil reicht aus, den Rest folgen zu lassen.

Nur die einigende Kraft geht weiter.
Die trennende Kraft löst sich letztendlich selbst auf.

EINS-SEIN IM LICHT

Wie *Krankheit heilt* und *Den Spiegel durchqueren* begleitet auch *Das Licht fließt dahin, wo es dunkel ist* meinen eigenen Wandlungsprozess und reflektiert, was ich in mir zu lösen habe. Bei meinem Versuch, mich zu öffnen, stoße ich immer wieder an meine Grenzen. Ich zweifle, klage, suche die Lösungen im Außen, ignoriere die Sprache meines Körpers, projiziere meine eigenen Schwächen auf andere, misstraue den Ereignissen, lehne mich auf und verfluche die Erkenntnis, dass ich mir meine Gruben alle selbst baue und allein dafür verantwortlich bin, wie ich mit einer Situation umgehe.

Der Weg, den ich mir ausgesucht habe, ist kein bequemer. Doch so will ich ihn auch haben. Denn nur so komme ich an das heran, was in mir ans Licht strebt. Und wenn ich dann am Ende eines Tunnels ankomme, empfinde ich jedes Mal eine tiefe Dankbarkeit dafür, es genau so durchlebt zu haben und meiner Wahrheit ein Stück näher zu sein. Wahrheit, das bedeutet für mich etwas, was *durchgeht*. Sie scheint durch alle Schichten und Widerstände hindurch. Sie schließt alles ein und nichts aus.

Für mich ist das Leben eine Reise. Ich wünsche mir, dabei immer leichter zu werden, biegsamer, transparenter. Nicht im Sinne von unsichtbar, sondern durchlässiger für das Licht. Immer wieder finde ich meine Inspiration in der Alchimie. In dieser ältesten Wissenschaft der Welt muss der Suchende zunächst an sich arbeiten und in sich selbst Klarheit finden, bevor er das Blei in Gold verwandeln kann. Es geht dabei nicht um das Schaffen von materiellem Reichtum, sondern um die Verwandlung von etwas Dunklem, Schwerem in etwas Leuchtendes, von etwas Banalem in etwas Erhabenes.

Bei dieser Suche, so wird es in der Alchimie erklärt und in den Meditationstechniken der östlichen Kulturen umgesetzt, ist alles eine Frage der Anordnung: Je unruhiger und chaotischer eine Struktur ist, umso dichter erscheint ein Stoff; je ruhiger und geordneter die Struktur ist, umso transparenter ist er, umso mehr Licht lässt er durch sich hindurchscheinen. Ein Stück Kohle und ein Diamant haben schließlich dieselbe Substanz: Sie bestehen beide aus Kohlenstoff. Sie unterscheiden sich dadurch, dass die Struktur des Diamanten das Licht durchlässt und die Struktur der Kohle nicht.

Die Suche nach dem Licht ist der Kern nicht nur meiner Arbeit, sondern meines gesamten Strebens und Sehnens. Immer wieder überrascht es mich, es eben dort zu finden, wo ich es nicht vermutete: in der tiefen Materie, im Starren, Bedrohlichen und Dunklen. Es war ja die Rolle Lucifers, des Morgensterns, bis tief in das Innere der Erde hinabzustiegen, in die Hölle, in die ihn das Christentum geschickt hat, um sein Licht in die dunkle Materie zu tragen. Lucifer, der Träger des Lichts, wurde ursprünglich mit dem Planeten Venus assoziiert. Wer hätte das Symbol der Verkündung des nahenden Tages und der Liebe bei Dämonen, Teufeln und lodernden Flammen erwartet? Wer hätte sich hineingewagt in dieses tiefe Verlies und wer hätte vermutet, dass sich genau hier die Ankündigung des Tages, des erwachenden Bewusstseins befindet?

Anstatt im Inneren, im Herzen der Materie zu suchen, haben wir unsere Körper in die Verdammnis geschickt und nur in unseren Köpfen nach dem Licht geforscht. Seit der Aufklärung in Frankreich – durch die Revolution und ihr Instrument, die Guillotine, beendet – sind Vernunft und rationales Denken der Ausdruck des Höchsten.

Der Kopf wurde vom Körper abgetrennt. Wir sind kopflastig geworden, und dickköpfig. Wir haben vergessen, den Rest unseres Körpers mitzunehmen und ihn an der Transformation teilhaben zu lassen. So haben wir uns in der Theorie von der Ungleichheit befreit – doch nicht in der Praxis. Nun ist die Zeit angebrochen, die Gleichheit, die Einigkeit, die Einheit im Ganzen umzusetzen.

Wie das Licht, so ist auch die kostbare Erkenntnis des Eins-Seins tief in der Materie verschlossen, dort, wo man sie nicht vermutet. In einer Legende heißt es, dass sich die Götter vor langer Zeit gefragt haben, wo der göttliche Funke, den sie den Menschen mitgeben wollten, wohl am besten aufgehoben wäre. In den Tiefen des Ozeans? Auf dem höchsten Berg? Am anderen Ende des Universums? Der Mensch in seinem Entdeckungsdrang würde ihn vielleicht zu früh dort finden, bevor er reif genug wäre, ihn zum Wohl aller zu benutzen. Endlich fanden sie einen Ort, an dem sie das Licht, das die Menschen an ihren Ursprung erinnert, verstecken konnten, den einzigen Ort, an dem er ganz sicher ist: mitten in unserem Körper, in unserem Herzen.

WEITERFÜHRENDE
LITERATUR

Alexander, Eben: *Blick in die Ewigkeit. Die faszinierende Nahtod-erfahrung eines Neurochirurgen*, München: Ansata 2013.

Birkenbihl, Vera F.: *Kommunikationstraining. Zwischenmenschliche Beziehungen erfolgreicher gestalten,* München: mvg 2006.

Broers, Dieter: *Gedanken erschaffen Realität. Die Gesetze des Bewusstseins*, München: Heyne 2013.

Buber, Martin: *Ich und Du*, Ditzingen: Reclam 1995.

Chopra, Deepak: *Heilung. Körper und Seele in neuer Ganzheit erfahren,* München: Goldmann 2012.

Dorn, Dieter: *Die ganzheitliche Methode Dorn. Die Sprache des Körpers verstehen. Haltung und Bewegung harmonisieren*, München: Integral 2012.

Dürr, Hans-Peter: *Es gibt keine Materie. Revolutionäre Gedanken über Physik und Mystik*, Amerang: Crotona 2012.

Dyer, Wayne W.: *Ändere deine Gedanken – und dein Leben ändert sich. Die lebendige Weisheit des TAO,* München: Goldmann 2008.

Gardner, Howard*: Intelligenzen. Die Vielfalt des menschlichen Geistes*, Stuttgart: Klett Cotta 2013.

Hellinger, Bert: *Die Quelle braucht nicht nach dem Weg zu fragen. Ein Nachlesebuch*, Heidelberg: Carl-Auer-Verlag 2001.

Hellinger, Bert: *Verdichtetes. Sinnsprüche, kleine Geschichten, Sätze der Kraft*, Heidelberg: Carl-Auer-Verlag 2000.

Hillesum, Etty: *Das denkende Herz. Die Tagebücher von Etty Hillesum 1941–1943*, Reinbek: Rowohlt 1985.

Hüther, Gerald: *Etwas mehr Hirn, bitte: Eine Einladung zur Wiederentdeckung der Freude am eigenen Denken und der Lust am gemeinsamen Gestalten*, Göttingen: Vandenhoek und Ruprecht 2015.

Hüther, Gerald: *Was wir sind und was wir sein könnten. Ein neurobiologischer Mutmacher*, Frankfurt a. M.: Fischer 2013.

Jacobsen, Olaf: *Ich stehe nicht mehr zur Verfügung. Wie Sie sich von belastenden Gefühlen befreien und Beziehungen völlig neu erleben*, Oberstdorf: Windpferd 2008.

Kabat-Zinn, Jon: *Im Alltag Ruhe finden. Meditationen für ein gelassenes Leben,* München: Knaur 2015.

Kast, Verena: *Der schöpferische Sprung. Vom therapeutischen Umgang mit Krisen,* Düsseldorf: Patmos 2013.

Knapp, Natalie: *Der unendliche Augenblick. Warum Zeiten der Unsicherheit so wertvoll sind*, Reinbek: Rowohlt 2015.

Krishnamurti, Jiddu: *Vollkommene Freiheit. Das große Krishnamurti-Buch*, Reinbek: Rowohlt 2001.

Kuby, Clemens: *Mental Healing: Gesund ohne Medizin. Anleitung zum Andersdenken*, München: Kösel 2013.

Kübler-Ross, Elisabeth: *Über den Tod und das Leben danach,* Güllesheim: Silberschnur 2012.

Langbein, Kurt: *Weißbuch Heilung. Wenn die moderne Medizin nichts mehr tun kann*, München: Goldmann 2016.

Lange, Klaus: *Herz, was sagst du mir? Selbstvertrauen durch innere Erfahrungen*, Freiburg: Arbor 2009.

Long, Jeffrey: *Beweise für ein Leben nach dem Tod. Die umfassende Dokumentation von Nahtoderfahrungen aus der ganzen Welt*, München: Goldmann 2010.

Moody, Raymond A.: *Leben nach dem Tod. Die Erforschung einer unerklärlichen Erfahrung*, Reinbek: Rowohlt 2001.

Moorjani, Anita: *Heilung im Licht: Wie ich durch eine Nahtoderfahrung den Krebs besiegte und neu geboren wurde*, München: Goldmann 2015.

Müller-Kainz, E./Steingaszner, B.: *Was Krankheiten uns sagen. Der Weg zu Erkenntnis und Heilung*, Stuttgart: Trias 2014.

Nilsonne, Asa: *Wer führt Regie in meinem Leben? Kleine Alltagspsychologie*, München: Mosaik 2010.

Reeves, Hubert: *Schmetterlinge und Galaxien: Kosmologische Streifzüge*, München: Carl Hanser 1992.

Rosa, Hartmut: *Resonanz. Eine Soziologie der Weltbeziehung*, Berlin: Suhrkamp 2016.

Rumi: *Die Musik, die wir sind*, Freiburg: Arbor 2009.

Scherrmann-Gerstetter, B./Scherrmann, M.: *Das Brave-Tochter-Syndrom … und wie frau sich davon befreit*, Freiburg: Herder 2013.

Schmid, Wilhelm: *Gelassenheit. Was wir gewinnen, wenn wir älter werden*, Berlin: Insel 2014.

Schulz von Thun, Friedemann: *Miteinander reden 1: Störungen und Klärungen. Allgemeine Psychologie der Kommunikation*, Reinbek: Rowohlt 2010.

Singer, Christiane: *Zeiten des Lebens: Von der Lust, sich zu wandeln*, München: Literareon 2002.

Starkmuth, Jörg: *Die Entstehung der Realität. Wie das Bewusstsein die Welt erschafft*, München: Goldmann 2010.

Strasser, Christian: *Das erwachende Bewusstsein. Aufbruch in die neue Zeit*, München: Scorpio 2012.

Thich Nhat Hanh: *Versöhnung mit dem inneren Kind: Von der heilenden Kraft der Achtsamkeit*, München: O.W. Barth 2011.

Wagenknecht, Sahra: *Reichtum ohne Gier: Wie wir uns vor dem Kapitalismus retten*, Frankfurt a. M.: Campus 2016.

Wagner, Ramona B.: *EFT: Emotionale Freiheit. Eine einfache Selbstheilungstechnik*, Aachen: Omega 2010.

Warnke, Ulrich: *Die geheime Macht der Psyche. Quantenphilosophie: Die Renaissance der Urmedizin*, München: Scorpio 2014.

Warnke/Hollerbach u.a.: *Quantenphysik und Selbstheilung. 5 Vorträge*, DVD.

Weber, Renée: *Alles Leben ist eins. Die Begegnung von Quantenphysik und Mystik*, Amerang: Crotona 2012.

Wilber, Ken: *Eine kurze Geschichte des Kosmos*, Frankfurt a. M.: Fischer 1998.

Wilcock, David: *Die Urfeld-Forschungen. Wissenschaftliche Fakten belegen alte Weisheitslehren*, Rottenburg a. N.: Kopp 2012.

Williams, M./Penman, D.: *Das Achtsamkeitstraining: 20 Minuten täglich, die Ihr Leben verändern*, München: Goldmann 2015.

EIN INSPIRIERENDER AUSTAUSCH MIT GROSSEN DENKERN ÜBER DIE KUNST DES GUTEN LEBENS

Endlich einmal für einen Moment nichts denken müssen – das wünschen sich viele von uns von Zeit zu Zeit. Doch es ist nicht das Denken an sich, das uns das Leben manchmal schwer macht. Es sind unsere negativen Gedankenmuster, unsere Sorgen, unser Grübeln. Wäre es daher nicht an der Zeit, uns in einem Denken zu schulen, das unser Leben gelingen lässt?

Wer könnte uns dabei besser unterstützen als die großen Philosophen der Welt? In ihrem erfrischend lebensbejahenden Brevier haben Katharina Ceming und Christa Spannbauer die bedeutendsten Denker aus Ost und West zu einem inspirierenden Gedankenaustausch mit dem Leser eingeladen. Denn deren geistige Pionierarbeiten stecken voller alltagstauglicher Lebensweisheiten, die jeden von uns zu mehr Freude und Gelassenheit im Leben finden lassen.

Mit vielen praktischen Impulsen und Übungen für jeden Tag.

www.europa-verlag.com

Katharina Ceming | Christa Spannbauer

Denken macht glücklich

WIE GUTES LEBEN GELINGT

EUROPAVERLAG

184 Seiten, Flexobroschur mit ausklappbarem Vorsatz, 978-3-95890-049-3

EUROPAVERLAG